Francesco Colasanto

ORGANIZZARE E PROGETTARE UN EVENTO CULTURALE

Manuale pratico con contributi di
Professionisti del settore

© *francesco colasanto*

Francesco ha conseguito il biennio specialistico in "tecnologie musicali e nuovi linguaggi" ed i diplomi (V.O.) in pianoforte e canto. Dopo aver completato gli studi al Conservatorio, Francesco ha continuato gli studi musicali concentrandosi sulla musica contemporanea e neo-tonale, approfondendo lo studio della composizione e - come attività laterale - della direzione d'orchestra. La sua Opera Lirica "Malombra", in tre atti, è stata rappresentata in prima assoluta il 25 Novembre 2023 al Teatro Tartini di Pirano, in Slovenia.
Francesco è anche project ed event manager. Dal 2005 organizza eventi internazionali nell'ambito delle arti in generale e della musica in particolare. Inoltre ha collaborato con Fondazione Idis di Città della Scienza di Napoli prendendo parte a numerosi progetti europei come esperto di "musica e nuove tecnologie". Dopo qualche anno di insegnamento nei Licei Musicali come Docente di Tecnologie Musicali, dal 2023 è Project Manager e Docente a contratto di Informatica Musicale ed Elettroacustica presso il Conservatorio "Bellini" di Caltanissetta.

Copyright © 2024 Francesco Colasanto
Tutti i diritti riservati.

Codice ISBN: 9798325954344

"Nessun uomo è un'isola."

(John Donne)

ORGANIZZARE E PROGETTARE
UN EVENTO CULTURALE

#introduzione 7
1. Definizione di evento culturale 9
2. L' *Event Manager* 11
2.1 Il diagramma di Gantt 13
2.2 L'analisi SWOT 16
3. Classificazione degli eventi 21
3.1 Eventi classificati per 'dimensione' 21
3.2 Eventi classificati per 'tipologia' 26
4. Le fasi organizzative degli eventi culturali 35
4.1 Sviluppare l'idea 42
5. Pianificazione dell'evento 47
6. Sviluppare un piano di sponsorizzazione 61
7. Marketing culturale 65
8. I volontari 73
9. Ci avviciniamo alla data dell'evento 79
10. Conclusioni 87
#contributi 93
Bibliografia e Sitografia 101

ORGANIZZARE E PROGETTARE
UN EVENTO CULTURALE

Introduzione

Questo manuale è più di un semplice libro; è un compagno indispensabile per tutti coloro che, con passione e determinazione, intendono trasformare idee creative in eventi culturali. Rivolto a soggetti eterogenei, dai gruppi di volontari alle associazioni culturali, questo testo offre una guida completa, ricca di approfondimenti e spunti pratici, e si propone come prezioso compagno in un affascinante viaggio attraverso la organizzazione di eventi indimenticabili.

L' organizzazione di eventi culturali è un'arte e una scienza e richiede una visione chiara e competenze pratiche. Per rispondere a questa sfida, il manuale non si limita a presentare concetti teorici, ma si arricchisce con contributi preziosi da parte di esperti del settore. Il percorso inizia con la fondamentale definizione di evento culturale, gettando le basi per comprendere il contesto e gli obiettivi di ogni iniziativa. Attraverso l'analisi di ruoli chiave, come quello dell'Event Manager, e strumenti strategici come il Diagramma di Gantt e l'Analisi SWOT, il testo esplora ogni aspetto con attenzione e profondità.

La classificazione degli eventi, suddivisa per dimensione e tipologia, offre una mappa dettagliata delle possibilità, consentendo una comprensione approfondita delle varie opzioni disponibili.

Le fasi organizzative delineano il processo creativo, dalla concezione dell'idea alla sua completa realizzazione. La pianificazione dell'evento è guidata con precisione, mentre lo sviluppo di un piano di sponsorizzazione e le strategie di marketing culturale fungono da pilastri per garantire il successo di ciascun progetto. Un capitolo dedicato all'importanza dei volontari, i veri guardiani appassionati dell'evento, e una sezione focalizzata sull'avvicinarsi alla data critica, sono trattati con la dovuta attenzione, offrendo consigli pratici per affrontare ogni fase con sicurezza. l'organizzazione di eventi culturali in un'esperienza appassionante e ricca di successo.

1. Definizione di evento culturale

Un evento culturale è un avvenimento eccezionale e temporaneo di carattere socio-culturale e che contiene al suo interno specifici obiettivi di comunicazione. Donald Getz afferma che un evento ha un inizio e una fine per cui è assolutamente limitato nel tempo. Ian McDonnel e Joe Jeff Goldblatt ritengono invece che gli eventi siano *"rituali specifici o celebrazioni"*[1] e che un evento sia "riconoscibile in uno specifico momento temporale per l'intenzione e per i rituali svolti al fine di soddisfare bisogni"[2]
L'evento culturale, oltre ad essere un'occasione di aggregazione fra persone che si trovano a vivere esperienze comuni, è un avvenimento che ha come scopo quello di unire le persone creando un senso di appartenenza ad uno stesso team.

"Gli eventi culturali sono espressione della società postmoderna e sanno creare valore attraverso dinamiche relazionali e di condivisione di apprendimento ed esperienza". (L.Argano, C.Spadoni)

Gli eventi culturali, dunque, rappresentano un luogo dove interazione sociale, culturale e collettiva degli individui che vi si riconoscono darà luogo, seppur temporaneamente, ad una forte coesione; questa sarà ovviamente prodotta dal risultato di tutte le forze di attrazione e di repulsione dei partecipanti. La partecipazione a un evento, infatti, consente di vivere un'esperienza unica che può culminare addirittura nella nascita

---

[1] McDonnell I., Allen J., O'Toole W., "Festival and special Event Management", J. Wiley, 2°ed.,2002

[2] Goldblatt J., "Special events: best practices in modern event management", J. Wiley, 2°ed., 1997

di una comunità proprio grazie alla condivisione del tempo e dello spazio. E' altresì determinante il *trait d'union* rappresentato dal rapporto fra tutte le componenti, ovvero: organizzatori, artisti e pubblico. Ognuna di queste componenti è in stretta connessione e in qualche modo necessaria per il successo dell'evento stesso: in un gruppo i vantaggi dei singoli dipendono dal contributo di tutti. Per altri autori, come Cocco e Pozzi, l'evento è *"una manifestazione pubblica resa nota al fine di attirare l'attenzione e di suscitare interesse nei confronti dell'azienda o dell'ente che lo organizza e che prevede la partecipazione di un pubblico interessato ai contenuti esposti*[3]. Nella società *postmoderna* il pubblico diventa esso stesso protagonista dell'evento grazie alla dimensione virtuale che prende corpo nella *rete*. Da un lato vi è una forte esigenza nella creazione di una rete sociale globale per determinare la diffusione delle idee e dei prodotti, dall'altro il *"tentativo di riallacciare le fila della memoria collettiva delle comunità per recuperare le loro identità e specificità"*.

Gli eventi culturali comprendono incontri, convegni, esposizioni, discussioni, sessioni di lavoro, mostre, spettacoli teatrali, concerti e celebrazioni aziendali. La realizzazione di un evento di solito coinvolge tre fasi principali: la pianificazione, la gestione e la redazione di un rapporto conclusivo post-evento.

---

[3] Cocco e Pozzi, (2001), "Relazioni pubbliche: le competenze, le tecniche e i servizi di base", Mc Graw-Hill.

2. L'*Event Manager*

La figura professionale di riferimento per l'organizzazione di un evento culturale è *l'event manager*. Questi è un professionista che ha acquisito nel tempo esperienza e competenze specifiche. L'*event manager* di solito parte da un'idea o da una commissione e progetta e sviluppa l'evento. In pratica si occupa di coordinare e gestire gli aspetti creativi, tecnici, logistici e gestionali per riuscire a raggiungere gli obiettivi prefissati.

Di solito questa figura professionale sviluppa competenze che spaziano dalla logistica alla comunicazione, dal design al *copywriting*[4], fino al marketing vero e proprio. L'*event manager* possiede due qualità principali ovvero sa comunicare ed è in grado di gestire lo stress. Comunicare coi clienti, saper trattare coi propri collaboratori, con i fornitori, le location in cui si dovranno tenere gli eventi e tutta la filiera che sta dietro all'organizzazione di un *happening*.

L'*event manager* coordina ed è responsabile per quanto riguarda le tempistiche, gli obblighi legali, il personale e più in generale del *budget* del progetto. Collabora con il team di marketing per pubblicizzare e promuovere l'evento e gestisce tutta la pianificazione pre-evento, Questa figura centrale gestisce il *problem solving*[5] dell'evento per garantire che tutto funzioni senza intoppi e rispettando il *budget*. Non ultimo è coinvolto nella produzione della valutazione post-evento.

---

[4] Per *copywriting* si intende il processo di scrittura di testi promozionali, che di solito tengono conto del marketing persuasivo con lo scopo di orientare il pubblico all'azione desiderata.

[5] Indica un'attività finalizzata all'analisi e alla risoluzione dei problemi usando tecniche e metodi generici o ad hoc. Il termine può avere un significato leggermente diverso a seconda della disciplina in cui è usato; per esempio in psicologia è un processo mentale, un'attività intellettuale del pensiero umano, mentre in informatica è un processo computerizzato (da Wikipedia)

Questa figura professionale è fondamentale per garantire il successo e il buon svolgimento di eventi di ogni dimensione, che vanno dalle piccole riunioni aziendali fino a grandi manifestazioni pubbliche, fiere, conferenze, concerti e cerimonie.

Per riassumere, le responsabilità dell'*event manager* includono:
- Pianificazione: L'*event manager* è il responsabile della fase iniziale di pianificazione dell'evento. Questo include definire gli obiettivi dell'evento, stabilire il *budget*, individuare la *location* più adatta, e determinare la data e l'orario dell'evento.
- Organizzazione: L'*event manager* si occupa di organizzare tutti gli aspetti dell'evento. Questo include la gestione delle forniture, l'allestimento della location, il coordinamento dei fornitori (come catering, noleggio attrezzature, servizi di sicurezza, etc.), e l'organizzazione di eventuali servizi di alloggio e trasporto per gli ospiti.
- Promozione e Marketing: L'*event manager* è responsabile della promozione dell'evento e del marketing per attirare il pubblico o gli ospiti target. Questo può includere la creazione di materiale pubblicitario, la gestione dei canali di comunicazione e *social media*, e il coinvolgimento della stampa e dei media.
- Gestione del Personale: Durante l'evento supervisiona il personale coinvolto nell'organizzazione, come gli addetti all'accoglienza, gli addetti alla sicurezza, il personale tecnico, e altri membri del team.
- Coordinamento dell'Evento: Durante lo svolgimento dell'evento, coordina tutte le attività e si assicura che tutto proceda secondo i piani. Si occupa di risolvere eventuali problemi o imprevisti che possono sorgere durante l'evento.

- Valutazione dei Risultati: Dopo l'evento, valuta l'efficacia dell'evento, raccoglie il *feedback* dai partecipanti e analizza i risultati ottenuti rispetto agli obiettivi stabiliti.

Le competenze richieste per essere un buon event manager includono:
- Gestione del tempo: Gli eventi hanno scadenze fisse e serrate, quindi è essenziale saper gestire il tempo in modo efficiente.
- Capacità di *problem-solving*: L'*event manager* deve essere in grado di affrontare imprevisti e risolvere problemi in modo rapido ed efficace.
- Capacità di comunicazione: La comunicazione è fondamentale per coordinare il lavoro di diverse persone e garantire la collaborazione efficace tra i membri del team.
- Creatività: L'*event manager* deve essere in grado di ideare soluzioni creative per rendere l'evento memorabile e unico.
- Stress management: Gli eventi possono essere stressanti, quindi è importante saper gestire la pressione e rimanere calmi anche nelle situazioni più complesse.

In sintesi, l'*event manager* è un professionista *multitasking*, creativo e orientato ai dettagli, che si occupa di ogni aspetto dell'organizzazione di un evento per assicurarsi che tutto si svolga senza intoppi e soddisfi gli obiettivi stabiliti.

2.1 Il diagramma di Gantt

Anche se volutamente questo volume contiene il minimo indispensabile per quanto riguarda schede grafiche, esempi di *planning*, ecc. essendo questi elementi - di pianificazione grafica -

in continua evoluzione, non possiamo fare a meno di parlare del Gantt di progetto.

Il diagramma di Gantt di progetto, riferimento essenziale del *Project Manager*, illustra la programmazione della *timeline* di progetto con il focus sulle attività che compongono il progetto stesso. Il Gantt rappresenta nell'asse orizzontale la linea temporale di svolgimento del progetto e sull'asse verticale le attività che compongono il progetto. Ogni attività di progetto è rappresentato da barre orizzontali che rappresentano l'inizio e la fine dell'attività/*task* prevista. lo strumento Gantt di progetto viene fatto quando si ha ben chiara la struttura e le attività di progetto (WBS). In molti casi la WBS (*work breakdown structure*)[6] è realizzata in fase di analisi di progetto.

NOME DELL'EVENTO

WBS 1	WEEK 1	WEEK 2	WEEK 3	WEEK 4	WEEK 5	WEEK 6	WEEK 7
Attività 1							
Attività 2							
Attività 3							
Attività 4							
Attività 5							
Attività 6							
Kick off meeting							
Mid-term meeting							
Debriefing							

Diagramma di Gantt

---

[6] Nel *Project Management* una WBS - acronimo di *Work Breakdown Structure* - (struttura di suddivisione del lavoro), rappresenta la struttura analitica di progetto, ovvero l'insieme delle attività di un progetto.

I diagrammi di Gantt consentono di comporre visivamente il tempo necessario per portare a termine le singole attività previste per la realizzazione di un progetto e le risorse assegnate ad ogni attività. Il diagramma di Gantt è un alleato prezioso per il *Project Manager* in quanto comprende informazioni operative, la valutazione dello stato di avanzamento reale, i costi effettivi e le giornate future pianificate.

Vediamo ora quali software ci consentono di creare diagrammi di Gantt. Ecco alcuni software popolari che possiamo utilizzare per creare diagrammi di Gantt:

Microsoft Excel: Sebbene non sia specificamente progettato per i diagrammi di Gantt, Excel può essere utilizzato per creare tali diagrammi utilizzando le funzioni di grafica e il formato delle celle.

Microsoft Project: Questo software è specificamente creato per la gestione dei progetti e offre strumenti avanzati per creare e gestire diagrammi di Gantt, risorse, *budget* e altro.

Trello: Trello è una piattaforma di gestione dei progetti basata su schede e colonne. Sebbene non sia un software per diagrammi di Gantt tradizionale, molte estensioni e integrazioni consentono di aggiungere funzionalità di pianificazione temporale.

Asana: Asana è un'applicazione di gestione dei progetti che include la possibilità di creare diagrammi di Gantt per visualizzare le attività e i loro tempi.

Smartsheet: Questo strumento è simile a Excel ma con funzioni avanzate di gestione dei progetti e la possibilità di creare diagrammi di Gantt interattivi.

Wrike: Wrike è una piattaforma di gestione del lavoro che offre strumenti per la creazione e la gestione di diagrammi di Gantt, risorse, report e collaborazione di squadra.

TeamGantt: Questo software è stato appositamente sviluppato per creare diagrammi di Gantt. Offre un'interfaccia intuitiva e strumenti specifici per la pianificazione dei progetti.

Monday.com: Monday.com è una piattaforma di collaborazione e gestione del lavoro che include la possibilità di creare diagrammi di Gantt e tracciare le attività dei progetti.

ClickUp: ClickUp è un'applicazione di gestione dei progetti che offre funzioni di diagramma di Gantt, gestione dei *task* e collaborazione di squadra.

GanttProject: Questo software gratuito e open-source è specificamente progettato per la creazione di diagrammi di Gantt e la gestione dei progetti.

Ognuno di questi software ha le proprie caratteristiche e vantaggi. La scelta dipenderà da una serie di fattori come esigenze specifiche, complessità del progetto e dalle preferenze personali.

2.2 L'analisi SWOT

Mentre il GANTT di progetto visualizza le attività nel tempo, l'Analisi SWOT fornisce il contesto strategico. Ad esempio, l'identificazione di una minaccia nel mercato può influenzare la pianificazione temporale delle attività correlate alla sua mitigazione.

L'Analisi SWOT è una metodologia chiave nella gestione strategica, consentendo alle organizzazioni di esaminare a fondo i propri punti di forza, debolezza, opportunità e minacce. Questo strumento offre una visione completa del contesto operativo, facilitando la formulazione di strategie efficaci. Vediamo più da vicino come funziona e alcuni esempi di buone pratiche.

L'Analisi SWOT si basa su quattro elementi principali:

1. *Strengths* (Punti di Forza): Risorse o capacità che conferiscono un vantaggio competitivo.
2. *Weaknesses* (Debolezze): Limitazioni o carenze interne che possono ostacolare il successo.
3. *Opportunities* (Opportunità): Elementi esterni che possono essere sfruttati per il successo.
4. *Threats* (Minacce): Fattori esterni che potrebbero mettere a rischio il raggiungimento degli obiettivi.

L'utilità dell'analisi SWOT include la pianificazione strategica, la gestione dei rischi e la creazione di piani d'azione adattati all'ambiente competitivo. Ad esempio, un'azienda che riconosce la crescente domanda per prodotti sostenibili (Opportunità) potrebbe sviluppare strategie di produzione eco-compatibile (Strength).

In sintesi, l'Analisi SWOT è uno strumento potente quando supportato da esempi pratici. Le aziende di successo hanno dimostrato come l'adattamento strategico basato su un'analisi SWOT accurata possa favorire la crescita e la sostenibilità nel tempo. Per fare qualche esempio, anche se in maniera molto semplificata, e volendo applicare questo metodo ad alcune aziende famose potremmo sintetizzare così:

Tesla:
Weaknesses: Elevati costi di produzione iniziali.
Opportunities: Crescente interesse per veicoli elettrici.
Strategia: Investimenti in ricerca e sviluppo per ridurre i costi.
Starbucks:
Opportunities: Espansione internazionale del mercato del caffè.
Threats: Concorrenza crescente nel settore.

Strategia: Adattamento del menu alle preferenze locali.

Stellantis:
Strengths: Portafoglio di marchi diversificato
Weaknesses: Dipendenza dai mercati automobilistici tradizionali
Threats: Concorrenza intensa e instabilità economica mondiale.

Apple Inc.:
Strengths: Design innovativo, forte *brand recognition*.
Opportunities: Crescente domanda per dispositivi tecnologici.
Strategia: Sviluppo costante di prodotti all'avanguardia.

Lavazza:
Strenghts: Brand recognition
Opportunities: Crescita del mercato e espansione internazionale
Threats: Fluttuazioni dei prezzi delle materie prime.

Come per i diagrammi di GANTT vediamo ora quali software ci consentono di pianificare analisi SWOT:

Microsoft Excel: Può essere utilizzato per creare tabelle SWOT.
Lucidchart: Offre modelli predefiniti e facilita la collaborazione online.
SmartDraw: Consente di creare diagrammi SWOT in modo intuitivo.
Creately: Offre modelli di analisi SWOT modificabili.
Gliffy: Strumento online per creare diagrammi SWOT.

In conclusione, l'integrazione di Analisi SWOT e Diagramma di GANTT offre una gestione strategica completa. Questi strumenti lavorano in sinergia, fornendo una visione temporale delle attività progettuali all'interno del contesto operativo complessivo.

ORGANIZZARE E PROGETTARE
UN EVENTO CULTURALE

ORGANIZZARE E PROGETTARE
UN EVENTO CULTURALE

3. Classificazione degli eventi

Il modo più comune per classificare gli eventi è:
A. per dimensione
B. per tipologia

Classificare gli eventi per dimensione e tipologia è una pratica comune nell'organizzazione e nella comprensione del mondo degli eventi. Questa classificazione aiuta a categorizzare gli eventi in modo da avere una migliore comprensione delle loro caratteristiche, obiettivi e dimensioni, semplificando la pianificazione e la comunicazione con il pubblico interessato.

3.1 Eventi classificati per "dimensione"

La classificazione degli eventi per dimensione riguarda principalmente il numero di partecipanti o la portata dell'evento. Le dimensioni degli eventi possono essere generalmente suddivise in diverse categorie, ad esempio:

a) Mega Eventi
I "mega eventi" sono eventi di straordinaria rilevanza e dimensione, caratterizzati da un grande impatto sia a livello locale che globale. Questi eventi sono solitamente organizzati per celebrare, promuovere o commemorare avvenimenti di particolare importanza culturale, sportiva, politica o economica. Sono denominati "mega" perché coinvolgono enormi investimenti finanziari, attenzione mediatica e partecipazione di un vasto numero di persone, spesso provenienti da diverse parti del mondo.

Esempi di mega eventi includono:

1. Giochi Olimpici: Le Olimpiadi sono un esempio classico di mega evento. Si svolgono ogni quattro anni in una città ospitante selezionata dal Comitato Olimpico Internazionale (COI). Gli atleti di tutto il mondo competono in diverse discipline sportive, attirando milioni di spettatori in tutto il mondo.
2. Campionati Mondiali di Calcio: Questo torneo internazionale di calcio si tiene ogni quattro anni e coinvolge squadre nazionali provenienti da tutto il mondo. È uno degli eventi sportivi più seguiti a livello globale.
3. Expo Internazionali: Le Expo sono esposizioni internazionali che si tengono periodicamente in diverse città del mondo per mostrare le innovazioni e le realizzazioni culturali, industriali ed economiche dei paesi partecipanti.
4. Campionati Mondiali di Atletica Leggera: Organizzati dalla World Athletics (precedentemente nota come IAAF), questi campionati atletici si tengono ogni due anni e coinvolgono atleti di alto livello provenienti da tutto il mondo.
5. Festival Culturali di Livello Mondiale: Alcuni festival, come il Festival di Glastonbury nel Regno Unito o il Coachella negli Stati Uniti, sono diventati mega eventi con partecipanti provenienti da tutto il mondo.
6. Conferenze Globali di Livello Mondiale: Eventi come la Conferenza delle Nazioni Unite sul Clima (COP) o il Forum Economico Mondiale (Davos) attirano leader mondiali, esperti e rappresentanti di organizzazioni internazionali per discutere temi cruciali e cercare soluzioni globali.
7. Matrimoni Reali: Le cerimonie di matrimonio di membri delle famiglie reali di vari paesi possono essere considerate mega eventi, con grande attenzione mediatica e interesse pubblico.

La preparazione e l'organizzazione dei mega eventi richiedono uno sforzo straordinario in termini di logistica, sicurezza, promozione, infrastrutture e pianificazione. Questi eventi possono fornire una piattaforma unica per promuovere l'immagine e la cultura di una nazione o città ospitante e contribuire significativamente alla sua economia, ma richiedono anche una gestione attenta per garantire che siano sicuri, ben gestiti e vantaggiosi per tutti gli interessati.

b) *Hallmarks Events*
Gli *Hallmark events* (eventi di spicco o eventi distintivi) sono eventi rappresentativi di una determinata località o comunità. Questi eventi hanno il potenziale di attirare un vasto pubblico, sia a livello locale che internazionale, e possono contribuire in maniera notevole alla promozione turistica e culturale della regione in cui si svolgono.
Caratteristiche degli Hallmark events:
- Unicità culturale o storica: Gli *Hallmark events* sono spesso legati a tradizioni culturali, celebrazioni storiche o ricorrenze particolari della comunità in cui si svolgono. Possono essere festival, rievocazioni storiche, celebrazioni religiose, fiere o eventi artistici.
- Grande partecipazione: Questi eventi attirano un gran numero di partecipanti, sia locali che visitatori da fuori regione o addirittura da altri paesi. Spesso sono caratterizzati da una vasta affluenza di pubblico.
- Rilevanza economica: Gli *Hallmark events* possono avere un impatto significativo sull'economia locale attraverso il turismo, l'ospitalità, il commercio e le vendite di prodotti correlati all'evento.
- Promozione dell'identità locale: Questi eventi contribuiscono a promuovere e preservare l'identità e le

tradizioni locali, contribuendo al senso di appartenenza della comunità.
- Attenzione mediatica: Gli *Hallmark events* ricevono spesso una notevole copertura mediatica, sia a livello locale che internazionale, aumentando la visibilità della regione in cui si svolgono.
- Ripetitività: Questi possono diventare ricorrenti e fissi nel calendario della comunità, attirando partecipanti anno dopo anno.

Esempi di *Hallmark events* includono:
1. Il Carnevale di Rio de Janeiro in Brasile: Uno dei più grandi e famosi festival di carnevale al mondo.
2. Il *Mardi Gras* di New Orleans negli Stati Uniti: Una celebrazione festosa con parate, costumi e musica.
3. Il Festival di Glastonbury nel Regno Unito: Uno dei festival musicali più grandi e influenti a livello internazionale.
4. La Festa di San Patrizio a Dublino, Irlanda: Un'importante celebrazione dedicata al santo patrono dell'Irlanda.
5. Il Carnevale di Venezia in Italia: Con le sue famose maschere e sfilate di costumi elaborati.

Gli Hallmark events sono un potente strumento per promuovere il turismo, la cultura e l'economia di una regione e rappresentano una parte significativa della sua identità e patrimonio culturale.

I "Grandi eventi" e gli "Eventi minori" sono due categorie di eventi con caratteristiche e dimensioni diverse. Le principali differenze tra di essi includono l'importanza, la portata, l'impatto economico e la visibilità mediatica. Ecco una spiegazione più dettagliata delle caratteristiche e differenze tra i due:

a) *Major events* (Grandi Eventi):
- Importanza e rilevanza: I *major events* sono eventi di grande importanza e rilevanza, spesso di portata nazionale o internazionale. Sono generalmente legati a celebrazioni storiche, eventi sportivi di livello mondiale, fiere internazionali o festival culturali di grande notorietà.
- Dimensione e partecipazione: Questi eventi attirano un vasto numero di partecipanti e spettatori provenienti da diverse parti del mondo. La partecipazione può essere nell'ordine delle centinaia di migliaia o anche milioni.
- Impatto economico: I *major events* hanno un impatto significativo sull'economia delle città o delle regioni in cui si svolgono, poiché generano un notevole flusso di turisti, spese per alloggio, ristorazione, acquisti e altre attività correlate.
- Visibilità mediatica: Essi ricevono una copertura mediatica estesa a livello nazionale e internazionale, con una vasta attenzione da parte dei mezzi di comunicazione e dei *social media*.

b) *Minor events* (Eventi Minori):
- Importanza e rilevanza: Gli eventi minori hanno una portata più limitata rispetto ai *major events* e possono essere di interesse principalmente a livello locale o regionale. Possono essere manifestazioni culturali, eventi sportivi a livello locale o riunioni di interesse specifico.
- Dimensione e partecipazione: Gli eventi minori tendono ad avere un'affluenza più modesta, coinvolgendo un numero inferiore di partecipanti rispetto ai grandi eventi. Possono attirare alcune centinaia o migliaia di persone.

- Impatto economico: Sebbene gli eventi minori possano contribuire all'economia locale, l'impatto finanziario è solitamente inferiore rispetto ai *major events*
- Visibilità mediatica: Gli eventi minori possono ricevere una copertura mediatica più limitata, spesso circoscritta alle aree locali o regionali. La rilevanza mediatica può essere meno estesa.

In sintesi, le principali differenze tra *major events* e eventi minori riguardano l'importanza, la dimensione, l'impatto economico e la visibilità mediatica. Entrambe le tipologie di eventi hanno il loro valore e contribuiscono alla cultura e all'economia delle comunità in cui si svolgono. Mentre i *major events* possono attirare l'attenzione di un pubblico globale e generare impatti significativi a livello economico, gli eventi minori sono spesso focalizzati sulla comunità locale o regionale, ma hanno comunque un ruolo importante nel rafforzare il tessuto sociale e culturale della zona.

3.2 Eventi classificati per 'tipologia'

La classificazione per tipologia riguarda la natura e lo scopo dell'evento. Gli eventi possono essere suddivisi in diverse categorie in base al loro scopo e alle attività coinvolte, ad esempio:

Eventi sportivi
Questi eventi, in cui si celebra l'abilità sportiva nella competizione, vantano una tradizione molto antica (es. le Olimpiadi dell'antica Grecia)
Gli eventi sportivi costituiscono la parte più importante dell'industria degli eventi, e la loro importanza è sempre

crescente, la loro capacità di attirare turisti, garantire l'interesse dei media e generare impatto economico li hanno posizionati al centro delle strategie governative sugli eventi.

UK Sport classifica i maggiori eventi sportivi in 4 gruppi:
- *Mega events* (le Olimpiadi)
- Eventi a calendario (costituiscono parte del calendario internazionale dello specifico sport, ad esempio Wimbledon, Gran Premio di Imola, ecc.)
- *One-off* (sono eventi che accadono una volta sola in quella specifica località, quindi occorre vincerla in gara, es. la Coppa America)
- *Showcase* (eventi che hanno lo scopo di spettacolarizzare uno sport per renderlo più popolare, es. Galà di Atletica).

Inoltre gli eventi sportivi possono essere organizzati con diversi obiettivi, tra cui:
- Competizione e confronto: Gli atleti o le squadre partecipano agli eventi sportivi per competere tra loro.
- Intrattenimento: Gli eventi sportivi possono essere organizzati come spettacoli per intrattenere il pubblico. Le competizioni sportive possono catturare l'attenzione e l'entusiasmo degli spettatori, creando un'atmosfera di eccitazione e divertimento.
- Promozione e sponsorizzazione: Gli eventi sportivi possono essere utilizzati come piattaforma per promuovere marchi, prodotti o servizi attraverso la sponsorizzazione e la pubblicità.
- Beneficenza e cause sociali: Alcuni eventi sportivi sono organizzati con lo scopo di raccogliere fondi per beneficenza o per sostenere cause sociali.

Eventi culturali

Gli 'eventi culturali' sono manifestazioni organizzate per celebrare, preservare, promuovere e condividere l'aspetto culturale di una comunità, una regione o una nazione. Questi eventi sono focalizzati sulla presentazione e valorizzazione delle espressioni artistiche, tradizioni, patrimonio storico, usanze, musica, danza, cibo, artigianato e altre forme di cultura che caratterizzano una determinata società.

Gli eventi culturali possono avere diverse finalità, tra cui:

- Valorizzazione e preservazione del patrimonio culturale: Gli eventi culturali possono essere organizzati per preservare e promuovere il patrimonio culturale di una comunità, siano essi monumenti storici, tradizioni, usi e costumi, lingua, arti e manifatture tradizionali.
- Promozione dell'arte e dell'artigianato: Gli eventi culturali possono essere dedicati all'arte, all'artigianato e all'artigianato locale o nazionale, fornendo una piattaforma per artisti e artigiani per mostrare e vendere le loro opere.
- Celebrazione delle tradizioni locali: Molti eventi culturali si concentrano sulla celebrazione delle tradizioni e delle festività locali, come festival religiosi, celebrazioni storiche, o eventi legati alle stagioni dell'anno.
- Incontri interculturali: Gli eventi culturali possono essere organizzati per favorire l'incontro e la comprensione tra diverse culture, promuovendo l'interazione tra gruppi etnici, lingue e tradizioni diverse.
- Promozione del turismo culturale: Gli eventi culturali possono essere utilizzati come una leva per promuovere il turismo culturale, attirando visitatori interessati a scoprire la cultura e le tradizioni di una regione.

Esempi di eventi culturali includono:

1. Festival Folkloristici: Eventi che presentano la musica, la danza, i costumi e le tradizioni folkloristiche di una cultura o regione specifica.
2. Mostre d'arte e Artigianato: Mostre e fiere che espongono opere d'arte e manufatti artigianali locali o nazionali.
3. Festival Gastronomici: Eventi dedicati alla gastronomia locale o internazionale, dove i visitatori possono assaggiare piatti tradizionali e specialità culinarie.
4. Spettacoli teatrali e Concerti: Eventi che presentano spettacoli teatrali, concerti musicali o esibizioni di danza.
5. Eventi di Storia e Cultura: Manifestazioni che ricreano eventi storici o culturali significativi, come rievocazioni storiche o festival a tema.

Gli eventi culturali svolgono un ruolo importante nel preservare e promuovere la cultura di una comunità, stimolando l'orgoglio culturale, promuovendo l'inclusione e la diversità e fornendo un'opportunità di crescita economica attraverso il turismo e le attività commerciali collegate.

Eventi di *business*

Conferenze, convegni, *exhibitions*, eventi aziendali, viaggi incentive sono solo alcune delle tipologie di eventi di business che possono incrementare il turismo d'affari (e quindi essere importanti per le località che li ospitano)
Partecipare a *meeting* ed eventi è il modo più facile per espandere il proprio network professionale, per stabilire *business relationships* durature nel medio-lungo periodo e a produrre un miglior ROI (*Return on Investment*).

Il 95% dei professionisti pensa che la comunicazione faccia a faccia sia fondamentale per il *long-term business* (fonte: HubSpot); a volte però è preferibile organizzare business event a distanza. Rendendo l'evento accessibile a tutti è quasi automatico che si raggiungano un numero di persone maggiore.

Nell' 80,2% gli organizzatori e i professionisti del settore hanno dichiarato di aver raggiunto un pubblico più ampio attraverso eventi online (fonte: Bizzabo 2020). Un'altra possibile soluzione è rappresentata dagli eventi 'ibridi', questo per sommare i vantaggi che si possono ottenere dagli eventi in presenza con quelli degli eventi a distanza, riducendone contemporaneamente gli svantaggi:

Nel 2022, secondo le statistiche, il 35% degli eventi organizzati si è svolto in modalità ibrida.

Le Mostre (expo, show, ecc.) sono considerate una parte crescente dell'industria degli eventi di business. Possiamo definirle come eventi in cui si presentano dei prodotti o dei servizi ad un'audience di invitati con lo scopo di indurre all'acquisto o alla ricerca di informazioni. Possono riguardare sia il mercato trade che quello consumer.

Gli **eventi aziendali** sono uno strumento di comunicazione aziendale.

Si possono dividere a loro volta in:
1. eventi per la comunicazione interna;
2. eventi di comunicazione esterna.

Gli Eventi di comunicazione interna sono:
l'Assemblea, il *Company Day*, la *Convention*, il *Kick-off*, i *Meeting*, i Seminari, i *Workshop*, il *Team building*, i Viaggi *Incentive*.
Gli Eventi per la comunicazione esterna sono:

Il Congresso, la Conferenza, il Convegno, la Fiera, il *Road Show*, l'*Open Day*, la Tavola Rotonda. Di seguito una breve descrizione di ognuno.

1. Eventi per la comunicazione interna:

- Assemblea
È la riunione generale di un'associazione o dei dipendenti di un'azienda per discutere su problemi interni o di gestione generale. In linea di massima è uno strumento di comunicazione interna.
Target: dipendenti dell'azienda, o proprietari (assemblea degli azionisti), di solito non prevede la presenza dei media.

- *Company Day*
È una riunione che si svolge nell'arco di una giornata e ha come tema la ricorrenza di una data significativa per l'azienda (es. l'anniversario della fondazione). Il *Company day* è uno strumento di comunicazione interna che prevede la partecipazione dei media.
Target di riferimento: dipendenti, management, fornitori, clienti, media

- *Convention*
È un incontro in cui vengono riunite varie realtà aziendali con il coinvolgimento di ospiti esterni. Lo scopo è presentare le novità dell'azienda alla luce dei risultati e dei successi passati. La Convention è uno strumento di comunicazione interna/organizzativa che raramente prevede il coinvolgimento dei media.
Target: dipendenti, management, trade, fornitori

- *Meeting*

È una riunione di persone con interessi simili: ad esempio aziendali, associativi, sportivi, politici, per discutere e approfondire temi di interesse comune. Il *Meeting* può variare in termini di formato, durata, struttura e partecipanti, ma in generale, l'obiettivo principale è quello di facilitare la comunicazione e la collaborazione tra le persone coinvolte. Il *Meeting* è uno strumento di comunicazione interna che non prevede la partecipazione dei media
Target: dipendenti, management

- Viaggio *Incentive*
Viene organizzato in una località scelta dall'azienda: unisce turismo e riunioni di lavoro, allo scopo di incrementare l'aspetto motivazionale dei dipendenti di una azienda. Il Viaggio incentive è uno strumento di comunicazione interna che non prevede il coinvolgimento dei media.
Target: dipendenti, management, fornitori importanti

- *Team Building*
Si tratta di eventi organizzati in località turistiche, o comunque isolate ed esterne all'impresa, che hanno l'obiettivo di unire i dipendenti tra loro. Si organizzano giochi a squadre, corsi di sopravvivenza ecc. che danno l'occasione agli invitati di conoscersi meglio e lavorare insieme al di fuori del contesto aziendale. Il Team building è uno strumento di comunicazione interna che non prevede il coinvolgimento dei media.
Target: management

2. Eventi per la comunicazione esterna:

- Congresso

È un incontro tra un vasto numero di partecipanti con rappresentanti che possono appartenere ad un'area di interesse, una disciplina scientifica, un settore culturale, ecc. per discutere un tema specifico.
Il Congresso è uno strumento di comunicazione esterna che prevede la partecipazione dei media.
Target di riferimento: dipendenti, management, trade, fornitori, clienti, consumatori, media

- Conferenza

Si tratta di un incontro di ricerca, di presentazione o di approfondimento di uno specifico argomento. Se riservata ai media si definisce: Conferenza stampa. E' uno strumento di comunicazione esterna.
Target di riferimento: opinion leader/maker, management, media

- Convegno

È un incontro di presentazione, di analisi e di approfondimento di un determinato argomento. Vi partecipano relatori di diversa estrazione e, spesso, nazionalità, che trattano l'argomento dal loro punto di vista professionale.
Di solito prevede un numero ampio di persone e si configura come uno strumento di comunicazione esterna rivolto anche ai media
Target di riferimento: dipendenti, management, trade, fornitori, clienti, consumatori, media

- Simposio

Un simposio è un incontro o una riunione accademica, scientifica o culturale in cui esperti, studiosi e professionisti si riuniscono per discutere e condividere conoscenze, opinioni e ricerche su un particolare argomento o tema specifico. E' uno

strumento di comunicazione esterna che prevede la partecipazione dei media.
Target di riferimento: dipendenti, management, trade, fornitori, clienti, consumatori, media

- *Road Show*

Frequente nei paesi anglosassoni, è un evento-spettacolo che viene organizzato ed adattato in giro per i vari Stati, a seconda delle aspettative e necessità dei *target* di riferimento. In Italia è una sorta di *format* preconfezionato (di conferenza, seminario, convegno, presentazione...) che si replica in diverse località. Il *Road Show* è uno strumento di comunicazione esterna che prevede la partecipazione dei media.
Target di riferimento: management, trade, fornitori, clienti, consumatori, media, opinion maker.

4. Le fasi organizzative degli eventi culturali

Una volta descritte le varie tipologie di eventi, vediamo quali sono le sei tappe da seguire per organizzare un evento culturale.

1. Ideazione: è la fase in cui vengono definiti gli obiettivi, o meglio lo scopo centrale che si vuole raggiungere presentando l'evento o il significato che esso esprime. Questa valutazione va fatta tenendo conto degli interessi di tutti coloro che prendono parte alla manifestazione o che ne traggono beneficio.
2. Attivazione: dopo aver fissato gli obiettivi bisogna attivarsi e assicurarsi che l'evento sia veramente fattibile, verificando ad esempio la presenza di risorse economiche e risorse umane, la ricerca degli spazi o della location, e l'acquisizione dei diritti necessari.
3. Pianificazione: questa è la fase più complessa e operativa, nella quale si identificano in modo dettagliato le attività e i passi da svolgere, le tempistiche e le risorse da reperire. Per gestire tutti questi fattori è bene costruire un calendario nel quale segnalare attività da portare a termine e le scadenze.
4. Attuazione: è lo *step* più emotivo, in cui il progetto prende vita sulla base delle decisioni e dei programmi stabiliti nella fase precedente.
5. Completamento: si tratta di una fase amministrativa che prevede la liquidazione dei finanziamenti erogati per organizzare l'evento.
6. Valutazione: per finire si verificano i risultati raggiunti e si riflette sugli eventuali scostamenti. È la fase finale nella quale si valuta il valore prodotto dall'evento non solo dal

punto di vista del soggetto promotore, ma di tutti i soggetti partner.

Per organizzare un evento culturale occorrono dei passaggi burocratici da portare a termine. E non solo. Bisogna scegliere le giuste risorse umane, i migliori tipi di allestimenti e soprattutto occorra saper muoversi ad occhi chiusi in una giungla burocratica di tale portata. Andiamo subito a scoprire tutti i passaggi da compiere.

Prima ancora di cominciare bisogna stabilire se l'evento si svolgerà in uno spazio chiuso oppure all'aperto, questo determinerà i prossimi passaggi da compiere per regolarizzare la manifestazione.

Infatti, se l'evento si terrà in uno spazio aperto si avrà bisogno, in generale, di un maggior numero di licenze e permessi.

Bisogna tener presente che le richieste da presentare e le tempistiche possono essere differenti in base ai paesi, quindi bisogna contattare direttamente l'ente di riferimento e nel contempo prendere visione delle specifiche normative.

Eventi all'aperto

Premesso che sarà utile valutare attentamente i vantaggi e le sfide di un evento all'aperto rispetto a uno al chiuso, considerando fattori come il clima, le necessità tecniche, la logistica e le preferenze del pubblico *target*. Partiamo dunque dal caso che l'evento da pianificare si tenga all'aperto. Sarà pure più intricato dal punto di vista burocratico, ma gli eventi all'aperto, soprattutto durante la bella stagione, sono sicuramente i migliori dal punto di vista emozionale. Non c'è nulla di più coinvolgente del vedere una bella piazza ricolma di gente o di un parco in festa. Proviamo ad elencare alcuni aspetti per i quali un evento all'aperto risulta più attraente rispetto ad uno 'al chiuso'. Gli eventi all'aperto permettono ai partecipanti di godere dell'ambiente naturale che senz'altro favorisce l'interazione e il benessere. Gli spazi all'aperto offrono un'ampia varietà di opzioni. SI possono infatti considerare spazi come giardini, parchi, spiagge o altre location uniche che aggiungono un tocco di originalità e spettacolarità.

E non solo. Uno spazio all'aperto di solito consente di invitare più persone e di offrire la possibilità di organizzare attività interattive come giochi, sport, esibizioni artistiche e altre esperienze coinvolgenti che stimolano la partecipazione attiva dei presenti.

Possiamo inoltre modificare il layout degli spazi all'aperto a seconda delle diverse fasi dell'evento, come presentazioni, performance, aree di ristoro e zone di networking.

Cibo e Bevande all'Aperto: Gli eventi all'aperto spesso includono aree dedicate al cibo e alle bevande, come food truck o stand di ristoro. Questo può offrire una varietà di opzioni gastronomiche e creare un'esperienza culinaria unica.

Gli eventi all'aperto, infine, attirano più facilmente l'attenzione della comunità locale e creano un senso di appartenenza e connessione.

Ecco quali sono le richieste da presentare per un evento del genere:

Licenza di occupazione del suolo pubblico: Se l'evento che si vorrà organizzare occuperà una piazza, un giardino, un marciapiede o più in generale uno spazio pubblico si deve assolutamente contattare il Sindaco del Comune interessato con almeno 15/20 giorni di anticipo, rivolgendogli una domanda di occupazione temporanea del suolo pubblico, nella quale si dovranno specificare generalità, dati fiscali e programma dell'evento.

Permesso di utilizzo di strumentazioni acustiche: Anche nel caso in cui l'evento culturale preveda l'utilizzo di strumenti musicali o impianti di diffusione audio bisogna presentare una richiesta al Comune, per tutelare i cittadini dall'inquinamento acustico. Generalmente, i limiti orari per lo svolgimento di attività 'sonore' vanno dalle 9.00 alle 24.00. La domanda deve essere presentata sia al Comune che all'ARPA (Agenzia Regionale per la Protezione dell'Ambiente).

Permessi SIAE: al nostro evento viene suonata o riprodotta musica? dovremo chiedere permesso alla SIAE (Società Italiana Autori ed Editori), una società che, dietro il pagamento di diritti di utilizzo, consente la riproduzione di canzoni, opere teatrali e brani musicali protetti dal diritto d'autore. Se l'ingresso è a pagamento, la SIAE stamperà i biglietti, trattenendo per sé una parte degli incassi. Tutto questo non vale per le opere non tutelate. Anche se qui c'è da ampliare il discorso. Ormai da diversi anni il *collecting*[7], da sempre appannaggio della SIAE, è stato liberalizzato. Nella fattispecie, in Italia ha preso piede *Soundreef* Ltd, un Ente di Gestione Indipendente (Direttiva 2014/26/EU) presente nel registro pubblico dell' *Intellectual Property Office* del Regno Unito. *Soundreef* Ltd gestisce le royalty per conto (alla data odierna) di oltre 43.000 autori ed editori, di cui 26.000 italiani, e opera direttamente o attraverso rapporti di rappresentanza in più di 90 paesi nel mondo. Il repertorio rappresentato da questa società inglese include (a questa data)

---

[7] Le società di gestione collettiva (o *collecting societies*) sono organismi che esercitano i diritti patrimoniali d'autore (o connessi) per conto di una pluralità di titolari nei confronti degli utilizzatori delle opere dell'ingegno: in particolare, tali organismi concedono licenze, raccolgono i relativi proventi per distribuirli ai titolari dei diritti e assicurano il controllo sulle utilizzazioni non autorizzate delle opere. (da Treccani)

celebri autori come artisti e autori come Giovanni Allevi, Marco Masini, Enrico Ruggeri, Laura Pausini, Ultimo, Morgan, Pooh, F Giancarlo Bigazzi, Maurizio Fabrizio, Sfera Ebbasta, Pierfrancesco Bellisario (Geo & Geo, Cartabianca, Gr Radio 1, Rubriche TG2), Dino Ceglie (Caduta Libera, Il segreto, Melaverde), Danilo Aielli (L'Eredità, Tira e Molla), Emiliano Branda (Rubriche TG2), Filippo Lamberti (varie Docufiction), Fulvio Griffini (Prima Edicola, Magnifica Italia, Studio Sport), Maurizio Proietti (Bio Nature – televendite e spot), Ernesto Migliacci e Andrea Casamento (E' Sempre Mezzogiorno); editori come Thaurus *Publishing*, Baraonda Edizioni, Smilax *Publishing*, Honiro Edizioni. Solo per citarne alcuni. Con la definitiva liberalizzazione del mercato (Decreto legislativo 35/2017) la SIAE riconosce la legittimità di LEA a raccogliere diritti d'autore per conto di *Soundreef* ltd e i suoi iscritti diretti.

Al momento dunque l'utente (organizzatore) all'atto di compilare il 'borderò'[8] non è tenuto a sapere a quale società di *collecting* appartiene questo o quel brano musicale, sarà la SIAE ad analizzare i brani in esso contenuti e a destinare i proventi.

Somministrazione di cibo e bevande:se all'evento culturale si pensa di somministrare bevande o alimenti si dovrà effettuare una Segnalazione Certificata di Inizio Attività (SCIA), generalmente gratuita.

Richiesta di patrocinio: Il patrocinio non è un vero e proprio un certificato di autorizzazione. Se il tuo evento evento o la tua manifestazione non è a scopo di lucro e pensi che promuova positivamente l'immagine del territorio puoi provare a fare richiesta di patrocinio al Comune o addirittura alla Regione. In

---

8 Il termine 'borderò' viene anche utilizzato in campo musicale (ad esempio nelle radio o nei locali da ballo) e teatrale per identificare il documento con cui è possibile monitorare l'organizzatore, la compagnia esecutrice e la quantità dei biglietti venduti per un determinato spettacolo o per una determinata manifestazione. (da Wikipedia)

questo modo l'ente ti autorizzerà ad utilizzare il proprio logo sul materiale promozionale dell'iniziativa come volantini, poster, cataloghi e carta intestata. La richiesta va presentata con un più largo anticipo, generalmente dai 30 ai 60 giorni prima dell'inizio dell'evento. Allacciare un patrocinio ti consente di ottenere alcune riduzioni e *facilities* come degli sconti sul canone riguardante le iniziative pubblicitarie, sul pagamento del diritto di affissione e in alcuni casi sarà possibile godere di un contributo in servizi, ad esempio la possibilità di usare attrezzature come sedie, pedane, palchi o impianti comunali o regionali.

Eventi al chiuso
Organizzare un evento al chiuso presenta una serie di vantaggi che possono rendere l'esperienza degli ospiti più confortevole e gestibile. Fra i vantaggi nell'organizzare un evento al chiuso possiamo considerare senz'altro la Protezione dalle Condizioni Atmosferiche. Organizzando un evento al chiuso, si evitano i rischi legati alle condizioni atmosferiche avverse come pioggia, vento e temperature estreme, che potrebbero influenzare negativamente l'esperienza degli ospiti. Gli spazi al chiuso inoltre sono meglio attrezzati per supportare l'infrastruttura tecnologica necessaria per presentazioni, proiezioni, luci e suono di alta qualità; offrono comfort ottimale, permettono di creare esperienze multisensoriali coinvolgenti, utilizzando suoni, luci e allestimenti visivi per catturare l'attenzione; possono offrire maggiore sicurezza e protezione per le attività che richiedono confidenzialità dei dati o presentazioni riservate.

Se l'evento viene organizzato in un luogo chiuso le procedure si semplificano molto, soprattutto se si svolge in una *location* on spazi per eventi.

Se abbiamo già trovato la location bisognerà stare attenti a pagare i permessi SIAE nel caso in cui produci musica, perché tutto il resto è già compreso. Per ogni condizione d'uso di attrezzature e spazi dovrai accordarti con i gestori della struttura. Alcuni esperti Event Manager sapranno consigliarti al meglio come allestire il tuo evento culturale.

Attenzione però, perché se scegliamo per il nostro evento una *location* come un cortile oppure un capannone sarà opportuno inoltrare una richiesta di agibilità dello spazio o alla Commissione Comunale o Vigilanza Provinciale. Seguiranno dei sopralluoghi di tecnici incaricati per controllare che tutto sia nella norma, che non vi siano problemi di sicurezza, che vi siano punti di allacciamento e che gli spazi siano agibili.

Abbiamo visto che ci sono diverse cose da tenere in considerazione nel momento in cui si vuole organizzare un evento culturale, soprattutto se questo si terrà in uno spazio aperto.

È bene considerare tutti questi costi per capire come gestire il proprio *budget*. Prima di iniziare è sempre meglio fare un'analisi dettagliata dei costi e dei ricavi legati all'iniziativa, in questo modo si potranno prevedere rischi, criticità e potenzialità del tuo evento. In base alle disponibilità economiche si deciderà di trovare sponsor o chiedere patrocini oppure no.

Per avere informazioni più precise sarà opportuno contattare le autorità del Comune, della Provincia o della Regione di interesse, in modo di ottenere eventuali aiuti nell'organizzazione.

In generale, la scelta tra un evento all'aperto e uno al chiuso dipenderà dagli obiettivi specifici dell'evento, dalle preferenze del pubblico, dalle esigenze tecniche e dalla tipologia dell'evento stesso. Entrambe le opzioni hanno vantaggi unici, e la decisione finale dovrebbe essere basata sul contesto e sulle esigenze dell'occasione.

4.1 Sviluppare l'idea

La chiave per trasformare una idea in un grande evento inizia con il *Brainstorming*[9]
Se l'evento è di piccole dimensioni, si può pensare di gestire in proprio quasi tutte le attività che andremo ad analizzare; tuttavia, per eventi più grandi risulta di fondamentale importanza la condivisione con altre persone.

Durante questa fase è importante mantenere una mente aperta, perché a volte l'idea originale può tramutarsi in un'idea migliore che è molto diversa da dove si è partiti. Quindi, è opportuno sin dall'inizio 'prendere nota' di tutte le varie discussioni ed incontri che alimentano quest'inizio. Una volta individuata l'idea di un evento si passa seconda fase: sviluppare ulteriormente questa idea.

Sviluppare l'idea dell'evento culturale consiste nel definire gli elementi fondamentali dello stesso (*mission, target, concept,* presenze previste, tempi, logistica, etc.), con gli interlocutori/committenti (pubblici e privati) di riferimento. Si determinano quindi gli obiettivi e i risultati a cui si vuole pervenire, si identifica il pubblico di riferimento e quali saranno le esigenze di quel pubblico. Si sviluppa quindi l'idea, la si analizza e la si tramuta in progetto avendo ben chiaro la concezione della stessa e la sua destinazione/applicazione. L'idea andrà valutata quanto

---

[9] Metodo decisionale, usato spec. in pubblicità, in cui la ricerca della soluzione di un dato problema è effettuata mediante sedute intensive di dibattito e confronto delle idee e delle proposte espresse liberamente dai partecipanti. (da *Oxford languages*)

a opportunità; l'analisi SWOT[10] in questa fase può essere utile. Si valuteranno una serie di strategie che costituiranno l'ossatura del progetto da svolgere attraverso l'utilizzo delle modalità che siano in grado di attuarla.
Ogni idea andrà studiata, predisposta e formulata. Questa progettualità richiederà una serie di passaggi ben definiti.

- *Action plan*: che consiste nella pianificazione nella quale convogliare idee e risorse
- Ricerca finanze: l'evento richiede risorse finanziarie per sostenere il *budget*. La copertura potrà essere fatta con finanziamenti, contributi, sponsor, ecc.
- Scelta personale: una volta stabilita l'idea sarà necessario coinvolgere le professionalità giuste.
- Lo *script*: Il progetto dell'evento dovrà essere documentato con tutte le informazioni necessarie.

Se si desidera organizzare un evento a carattere generale (fiera, sagra, ecc.) non necessariamente l'idea deve essere originale, se però, come nel nostro caso, ci si tuffa nell'organizzazione di un evento culturale risulta fondamentale partire da un approccio personale e sviluppare l'idea di partenza in modo concreto ed effettivamente realizzabile in un tempo ragionevole.

Gli obiettivi e i risultati dell'evento

È importante essere chiari su questo aspetto. Si dovrà sicuramente fare fronte domande degli sponsor ('di cosa si tratta?'), quindi, sarà sicuramente opportuno prepararsi in anticipo ed in maniera convincente sulle risposte da fornire. Le domande da porsi potrebbero essere le seguenti - *Cosa speriamo di ottenere dall'evento? - Come si potrebbe descrivere l'evento?*

---

10 Vedi Capitolo 2 (2.2)

Saper anticiparsi su questi aspetti risulta quantomeno fondamentale. Abbiamo bisogno degli sponsor.

Il pubblico dell'evento

Il pubblico di riferimento per un evento dipende dal tipo di evento, dagli obiettivi e dal contenuto proposto. Tuttavia, in generale, il pubblico di un evento può essere definito in base a diversi criteri:

1. Demografico: Include età, genere, livello di istruzione, occupazione, reddito e altri fattori demografici. Ad esempio, un evento potrebbe mirare a giovani adulti tra i 18 ei 30 anni o a professionisti del settore sanitario.

2. Geografico: Si riferisce alla localizzazione geografica del pubblico. Questo può essere specificato in termini di città, regione, paese o continente. Ad esempio, un evento potrebbe essere destinato ai residenti di una determinata città o essere internazionale e rivolto a un pubblico globale.

3. Interessi e comportamenti: Questo criterio considera gli interessi, gli hobby, gli stili di vita e i comportamenti del pubblico. Ad esempio, un evento culturale potrebbe essere rivolto agli amanti dell'arte e della musica, mentre un evento sportivo potrebbe essere destinato agli appassionati di sport.

4. Settore o nicchia di mercato: Può essere definito in base all'industria o al settore di appartenenza del pubblico. Ad esempio, un evento tecnologico potrebbe essere rivolto agli esperti del settore tecnologico o agli appassionati di tecnologia.

5. Obiettivi dell'evento: Il pubblico può essere definito anche in base agli obiettivi dell'evento. Ad esempio, un evento di networking potrebbe mirare a professionisti in cerca di opportunità di connessione e collaborazione, mentre un evento di formazione potrebbe essere destinato a coloro che desiderano acquisire conoscenze specifiche su un argomento.

In sintesi, il pubblico di riferimento per un evento è la categoria di persone che l'organizzatore intende raggiungere e coinvolgere attraverso l'evento stesso. Identificare chi sia il pubblico target è fondamentale per la pianificazione, la promozione e il successo complessivo dell'evento.

5. Pianificazione dell'evento

Quando si entra nella fase di pianificazione di un evento, si dovrà tener conto di tutto quello già discusso e iniziare il processo di immaginare cosa accadrà nel giorno dell'evento. Si dovrà sviluppare giocoforza una panoramica dell'evento, assegnare ruoli e responsabilità all'interno del team, valutare potenziali sedi, acquistare o affittare attrezzature e analizzare tutti i possibili permessi che sono necessari.

Mettere a fuoco queste informazioni sarà importante e ci aiuterà nella ricerca degli sponsor, nella commercializzazione dell'evento e nel reclutamento dei volontari.

Una panoramica sull'evento

Titolo dell'evento: Dovremo immaginare un titolo che rifletta l'evento o il pubblico. Bisognerà essere chiari, concisi e, se possibile, accattivanti.

Data: quando giungerà il momento di stabilire la data dell'evento, dovremo considerare con attenzione la possibilità di sovrapposizioni con altre manifestazioni. Essere in concorrenza con tali eventi potrebbe comportare una limitazione delle opportunità di attrarre finanziatori (sponsor) e di conseguenza ridurre la partecipazione al nostro stesso evento.

Durata: proviamo a pensare ad una durata che sia più adatta al pubblico e alle attività pianificate. La durata potrà anche giocoforza dipendere dal luogo scelto per l'evento e se ad esso sono legate alcune ordinanze per quanto riguarda il 'suono' (nel caso di evento all'aperto).

Obiettivo: indicare chiaramente quali sono gli obiettivi dell'evento. Questo non solo ci manterrà concentrati, ma ci aiuterà anche nella ricerca di sponsor.

Descrizione: Proviamo a descrivere brevemente il nostro evento. Questa descrizione sarà di aiuto nell'informare e sollecitare persone e/o organizzazioni sull'evento.

Destinatari: Definiamo il pubblico; la fascia d'età, il sesso e le comunità a cui potrà riferirsi. Gli sponsor saranno interessati a questo dettaglio per valutare i benefici economici e sociali che l'evento può avere sulla comunità e sulle popolazioni raggiunte.

Numero di partecipanti: quanti partecipanti sono previsti? Per un primo evento questo potrebbe essere difficile da prevedere con precisione, ma potrebbe essere utile considerare la presenza di eventi simili. Avere, per sommi capi, un'idea della frequenza prevista aiuterà a determinare quale sede scegliere, se sono necessari ulteriori servizi igienici, ecc.

Programmazione: elenchiamo il numero e il tipo possibili di musicisti, venditori o attività che l'evento presenterà.

Ruoli e responsabilità del team

Avere una squadra di persone nella pianificazione e nell'organizzazione dell'evento è un aspetto fondamentale. Inutile dire che il team dovrà possedere un mix di qualità. Sarà utile avere competenze in: aspetto gestionale, comunicazione, pianificazione, sponsorizzazioni e sviluppo, marketing e promozione, design creativo, pianificazione finanziaria.

Determinare chi possiede queste abilità aiuterà ad assegnare ruoli, definire responsabilità e impostare un percorso per raggiungere gli obiettivi dell'evento.

Dopo aver passato in rassegna le abilità di ciascun individuo/volontario e aver assegnato i ruoli, il team dovrebbe determinare una descrizione del lavoro, gli obiettivi e le scadenze per ciascun ruolo.

Budget

l momento in cui si stila il *budget* di un evento è uno dei più importanti di tutta la fase di pianificazione: prendere in esame tutte le voci di spesa e essere consapevoli che non si tratti di un documento definitivo. Il *budget* economico di un evento è, fondamentalmente, il frutto di un confronto, anche continuo, tra il committente e l'agenzia organizzatrice (laddove prevista) o tra il *meeting planner* e il cosiddetto 'cliente interno', ovvero la stessa azienda.

Non esisteil momento giusto per stilare il *budget*, un occhio alla 'spesa' si dovrà dare durante tutte le fasi dell'evento. Uno dei modi più facili e alla portata di tutti per stilare un documento di *budget* è l'utilizzo di un foglio 'excel' o l'equivalente 'number' per IOS. Quello che serve è in ogni caso una tabella in cui annotare le macro-aree dell'evento e in seguito, se necessario, altre tabelle più dettagliate per ogni macro-area.

Ecco un esempio delle macro-aree che si possono individuare come voci di spesa per potere calcolare il *budget* di un evento.

- **location e servizi**: costi degli spazi dell'evento, allestimenti, servizio di regia, traduzione simultanea (e nel caso di congressi si potrebbe includere anche il sistema di voto);
- **servizi tecnologici**: oltre a quelli standard che possono trovarsi direttamente a disposizione (a pagamento e perciò indicati al punto precedente) per un evento che punti sulla tecnologia per la spettacolarizzazione o per veicolare i contenuti servono servizi e strumentazione ad hoc;
- *catering* **e ospitalità alberghiera**: nel caso di un evento della durata di un giorno o meno si inserisce in questa

voce la spesa per *coffe break,* l'aperitivo, il cocktail, la cena di gala, ecc. Nel caso di eventi di più giorni si deve invece prevedere ogni pasto e nel caso di pernottamento si devono calcolare nel dettaglio le spese di alloggio;
- **logistica**: biglietteria aerea e ferroviaria per i partecipanti, i relatori, gli eventuali ospiti e testimonial e così via, ma anche per i transfer in loco o da e per l'aereoporto e la stazione;
- *gadget* e **materiale** per i partecipanti: cancelleria, materiale cartaceo o supporti digitali e tutto quello che si pensa di fornire ai partecipanti all'evento;
- **comunicazione**: una voce non indifferente che può riguardare una campagna promozionale a vari livelli, incluse locandine, programmi, cartelloni espositivi, ma anche un supporto comunicativo durante l'evento, per esempio con l'ingaggio di professionisti per il live tweeting o il live blogging;
- **supporto all'organizzazione**: per alcuni eventi, come quelli medico-scientifici, è consigliabile l'utilizzo di software gestionali, e si possono anche prevedere – per diverse tipologie di evento, inclusi quelli corporate – l'utilizzo di app, piattaforme online per l'accredito e così via;
- **staff**: da non dimenticare il *budget* da destinare allo staff, intenso come compensi, ma anche come spese relative al pernottamento eventuale, ai pasti, ecc.;
- **calcolo dell'Iva**: in alcuni casi è bene mettere a *budget* anche il pagamento dell'Iva.

Come sappiamo, l'attività di organizzazione di congressi ed eventi viene gestita[11] con il **regime di Iva ordinaria**[12]. Pertanto, tutte le fatture emesse per sponsorizzazioni, stand espositivi e per iscrizioni sono gravate di Iva ordinaria al 22%. In egual modo, tutte le fatture dei nostri acquisti hanno Iva (22% o 10%) completamente detraibile. Anche le **fatture di ristorazione, hotel e trasporto locale** di persone, attività sulle quali viene applicata l'Iva ridotta del 10%, hanno la stessa completamente detraibile, in quanto per l'organizzatore di congressi queste sono attività proprie di impresa e sono **Iva-detraibile al 100%**, e non al 75% come per le altre tipologie di imprese.

L'Iva viene pagata nelle fatture dei fornitori, l'Iva viene incassata dai clienti e la differenza viene versata allo Stato, pertanto non influenza minimamente il bilancio dell'evento, né in positivo né in negativo.

Ovviamente quanto sopra vale per un evento che si tiene in Italia in regime Iva ordinario, pertanto una tipica attività di organizzazione.

Fatte tutte queste considerazioni iniziali è bene impostare nel nostro file Excel (o Number) il *budget* considerando solo l'imponibile sia delle fatture vendite che degli acquisti. Diversamente, quando si organizza una delegazione a un congresso internazionale all'estero oppure viene organizzato un viaggio in una località italiana o estera, si deve applicare il

---

[11] Parametri fiscali registrati alla data di pubblicazione di questo volume.

[12] I regime ordinario rientra tra le tipologie di regimi fiscali previste dalla normativa vigente; rispetto a quello forfettario, prevede maggiori obblighi da rispettare, soprattutto per quanto riguarda la compilazione del bilancio aziendale e dei relativi documenti. Il regime ordinario ha una tassazione più alta, rispetto al forfettario, ma consente di scaricare i costi dell'attività, cosa che nel forfettario non è possibile. I liberi professionisti e la micro imprese, sino a 50.000,00 € di fatturato, posso scegliere a quale dei due regimi aderire in base all'attività svolta e all'entità dei costi sostenuti.

regime speciale base su base secondo le norme dell'art. 74-ter Dpr 633/72.

In tutti questi casi, dove l'Iva sugli acquisti è pagata in diversi Paesi all'estero ed è indetraibile perché 'pacchetto viaggio', è molto più utile gestire il *budget* dell'evento con l'indicazione separata dell'Iva oltre che dell'imponibile.

Altro caso in cui è molto utile redigere il *budget* con l'esposizione dell'Iva oltre che degli imponibili è quando si organizza un congresso o un evento all'estero, non solo nei Paesi extra-UE, ma anche all'interno della stessa Comunità Europea. La detrazione dell'Iva e il recupero della stessa va analizzato e gestito caso per caso.

Attenzione: gli uffici fiscali dei diversi Paesi della UE possono interpretare in maniera diversa le norme di rimborso dell'Iva per questa tipologia di eventi.

Sempre più spesso viene negato il rimborso Iva agli intermediari, in quanto la norma prevede che le spese di hotel, la ristorazione, il trasporto locale di persone, l'affitto di spazi e le iscrizioni a congressi siano sempre fatturate (o rifatturate) con l'Iva del Paese dove è tenuto l'evento. E pertanto la **possibilità di recupero dell'Iva è possibile solo per il cliente finale.**

La *location* per un evento

Il luogo stesso in cui si svolgerà il nostro evento può essere inteso come un mezzo di comunicazione, un *trait d'union*, prima ancora che come una località geografica. La *location* può essere una sede reale (per gli eventi *offline*) oppure virtuale (se l'evento si svolge online). Attraverso Internet, infatti, è possibile creare nuovi spazi virtuali dove l'uomo concretizza le sue pulsioni, positive e negative, proprio come avviene nella vita reale. Questa definizione ci rimanda anche al concetto di 'villaggio globale'[13] teorizzato da McLuhan.

Il successo di un evento non è legato solamente all'umore dei possibili partecipanti e all'assenza di incidenti di percorso, ma è commisurato alle aspettative, agli obiettivi e ai vincoli organizzativi richiesti dall'organizzazione. Bisogna dunque attenersi a una serie di criteri che, a partire dalla scelta della *location*, facilitino la buona riuscita dell'evento.

Per scegliere la location per un evento culturale bisogna ovviamente tener presenti diversi fattori, ovvero:
- che tipo di evento stiamo organizzando?
- a chi è rivolto l'evento?
- quali sono gli obiettivi?

Se stiamo organizzando un evento culturale risulta necessario pensare ad una *location* che debba possedere fascino e storia. Organizzare un concerto in una chiesa di periferia con una buona acustica e con alle spalle una storia importante e magari controversa - ad esempio, è stata abbattuta e ricostruita dopo l'ultima guerra, o dove è stato battezzato un importante personaggio del territorio, ecc. – risulterà più affascinante che tenere l'evento in una chiesa di recente costruzione, magari in prossimità di un rumoroso centro cittadino.

Se l'evento culturale si rivolge a giovani sarà necessario stabilire delle regole del tipo – non sostare con bevande alcoliche prima, durante e dopo il concerto in luoghi frequentati da famiglie, evitare eccessivo frastuono post-evento, ecc.

---

[13] La locuzione 'villaggio globale' è stata usata per la prima volta da Marshall McLuhan, noto studioso delle comunicazioni di massa, nel 1964, nel suo saggio *Gli strumenti del comunicare* (titolo originale: *'Understanding Media: The Extensions of Man'*) in cui, nel passaggio dall'era della meccanica a quella elettrica, ed alle soglie di quella elettronica, analizzava gli effetti di ciascun 'medium' o tecnologia sui cambiamenti del modo di vivere dell'uomo. (da Wikipedia)

Se invece, avremo come obiettivo quello di dare continuità e periodicità all'evento, soprattutto nel caso si tratti di un Festival, sarà opportuno fidelizzare il pubblico a un determinato luogo. Da evitare, per esperienza diretta, una grande città per determinare il luogo di una location fissa per un appuntamento annuale. Di solito le grandi città, italiane e non solo, sono già piene di eventi, e molti dei quali offerti a costo zero perché patrocinati a livello comunale e spesso provinciale e regionale, ovvero grandi produzioni. Risulterà più logico dunque, cercare un luogo dove non si svolgono eventi importanti e soprattutto quelli a carattere continuativo (Festival del Cinema, della musica, ecc.). In questo caso saremo avvantaggiati nel creare qualcosa di nuovo e l'evento godrà di un'importanza maggiore. Tutto questo a beneficio di un' attrativa maggiore che servirà a sensibilizzare sia gli amministratori (fondi e patrocinio), sia i commercianti del posto (sponsor).

Sotto quest'ottica, alcuni esempi ben riusciti diventano chiari ed evidenti. Quanti conoscerebbero un comune di poco più di 11.000 abitanti come Giffoni Valle Piana, se non fosse per il 'Giffoni Film Festival'? E Salsomaggiore Terme? Probabilmente la conosceremmo solo come una delle belle città emiliane, se non fosse strettamente legata al prestigioso evento 'Miss Italia'.

Fornitori e tempistiche di *booking*

L'importanza di garantire e coordinarsi con i fornitori di terze parti non può essere sottovalutata perché i venditori fungono da infrastruttura per ospitare un evento di successo. Molte location possono già includere tutte le attrezzature di cui avremo bisogno.

Molte altre volte dovremo provvedere a:
- Produzione audio / visiva

È consigliabile garantirsi questi servizi non meno di 6 settimane prima dell'evento.

- Musica / Intrattenimento

Un tempo 'utile' per garantirci di ingaggiare artisti dipende dalla grandezza dell'evento. Non meno comunque di 8 settimane.

- *Catering* e *Bartending*

4-6 settimane è un ottimo lasso di tempo per prenotare servizi di *catering* o di *bartending* per il nostro evento.

- Tavoli, sedie e tende

È una buona idea prenotare questi articoli il prima possibile durante la stagione dei matrimoni e delle conferenze (maggio - agosto). In bassa stagione o per piccoli eventi, le prenotazioni con almeno 2-3 settimane di anticipo sono da preferire.

- Servizi igienici e stazioni di lavaggio portatili

Le unità portatili standard devono essere prenotate con almeno 2 settimane di anticipo.

I rimorchi di lusso per i bagni devono essere prenotati il prima possibile.

- La raccolta dei rifiuti

Per gli eventi con meno di 50.000 persone bisogna provvedere a rifornirsi di contenitori di rifiuti con almeno 30 giorni di anticipo.

L'agenzia di raccolta rifiuti vorrà conoscere il tipo di contenitori che vorremo utilizzare e la dimensione della location dell'evento.

- Servizi di staff dell'evento

Gli eventi più grandi (più di 500 partecipanti) devono prenotare il personale almeno un mese prima dell'evento.

Gli eventi minori dovrebbero accordarsi con il personale almeno 2 settimane prima dell'evento.

Sicurezza e Permessi

La sicurezza si divide principalmente in:
- sicurezza della *venue*
- sicurezza degli allestimenti
- sicurezza degli attori dell'evento
- sicurezza del pubblico
- sicurezza dei lavoratori

Ogni Paese prevede normative differenti in materia di sicurezza. Per i grandi eventi (es. concerti in campi sportivi) sono previste idoneità di impianti elettrici ed impianti idrici; la presenza di un numero adeguato di uscite di emergenza in relazione alla capienza con relativa presenza di luci di emergenza; presenza di servizi igienici agibili e accessibili sia per normo-dotati che per disabili.

Per tutti i tipi di eventi, generalmente, bisogna riferirsi alle norme vigenti che allo stato prevedono di base la compilazioni dei seguenti documenti:

1) Dichiarazione di conformità degli impianti
come previsto dal Decreto Legge 37/2008 [64];

2) Dichiarazione di corretto montaggio delle strutture, tensostrutture, pedane, impalcature, carichi pendenti, ecc.

Andiamo ora ad analizzare quali permessi occorrono per organizzare un evento culturale, o un evento in genere, tenendo presente due categorie sostanziali: evento all'aperto, evento al chiuso.

Nel caso di evento all'aperto, ecco quali sono le richieste da presentare per organizzare un evento del genere:

- **Licenza di occupazione del suolo pubblico:** Se l'evento occuperà una piazza, un giardino, un marciapiede o più in generale uno spazio pubblico si dovrà contattare l'amministrazione del Comune interessato con almeno 15/20 giorni di anticipo, rivolgendogli una domanda di occupazione temporanea del suolo pubblico, nella quale dovrai specificare generalità, dati fiscali e programma dell'evento. Potremo farlo anche attraverso la Posta Elettronica Certificata.

- **Permesso di utilizzo di strumentazioni acustiche:** Anche nel caso in cui l'evento culturale preveda l'utilizzo di strumenti musicali o impianti stereo bisogna presentare una richiesta al Comune, per tutelare i cittadini dall'inquinamento acustico. Generalmente, i limiti orari per lo svolgimento di attività sonore vanno dalle 9.00 alle 24.00. La domanda deve essere presentata sia al Comune che all'ARPA (Agenzia Regionale per la Protezione dell'Ambiente).

- **Permessi SIAE:** È ovvio che se si tratta di un evento musicale o che utilizza musica anche come sottofondo, si dovrà chiedere il permesso alla SIAE (Società Italiana Autori ed Editori), una società che, dietro il pagamento di diritti di utilizzo, consente la riproduzione di canzoni, opere teatrali e brani musicali protetti dal diritto d'autore. Se l'ingresso è a pagamento, la SIAE stamperà i biglietti, trattenendo per sé una parte degli incassi. Tutto questo non vale per le opere non tutelate.

- **Somministrazione di cibo e bevande:** se nel giorno/i dell'evento culturale verranno vendute, o più in generale, somministrate bevande o alimenti si dovrà effettuare una Segnalazione Certificata di Inizio Attività (SCIA), generalmente gratuita.

- **Richiesta di patrocinio:** Il patrocinio non è un vero e proprio un certificato di autorizzazione. Se l'evento che pensiamo di organizzare **non è a scopo di lucro** si può richiedere il patrocinio al Comune o alla Regione. In questo modo saremo autorizzati ad utilizzare il logo di questi enti sul materiale promozionale dell'iniziativa come volantini, poster, cataloghi e carta intestata. La richiesta va presentata con un più largo anticipo, generalmente dai 30 ai 60 giorni prima dell'inizio dell'evento. Allacciare un patrocinio ci consente di ottenere alcune riduzioni: avremo degli sconti sul canone riguardante le iniziative pubblicitarie, sul pagamento del diritto di affissione e in alcuni casi godremo anche un contributo in servizi e la possibilità di usare attrezzature come sedie, pedane, palchi o impianti comunali o regionali.

Se l'evento si terrà in un luogo chiuso le procedure si semplificano molto, soprattutto se si svolge in una location con spazi per eventi.

Se volessimo, ad esempio, organizzare il nostro evento in un teatro, l'unica cosa da fare sarà pagare i permessi SIAE perché tutto il resto è già compreso. Per ogni condizione d'uso di attrezzature e spazi dovremo accordarci con i gestori della struttura.

Se invece pensiamo ad un luogo insolito come un cortile di un centro storico oppure un capannone industriale, magari dismesso, si dovrà inoltrare una richiesta di agibilità dello spazio o alla Commissione Comunale o Vigilanza Provinciale. Seguirà una verifica di tecnici esperti che verranno a controllare che tutto sia nella norma, che non vi siano problemi di sicurezza, che vi siano punti di allacciamento e che gli spazi siano agibili.

6. Sviluppare un piano di sponsorizzazione

Sviluppare un piano di sponsorizzazione per un evento richiede una strategia ben strutturata che definisca gli obiettivi, identifichi i potenziali sponsor e delinei le offerte di sponsorizzazione. Ecco un piano dettagliato passo dopo passo:

1. Definizione degli Obiettivi
- Obiettivi Principali:
- Finanziari: Coprire i costi dell'evento e generare un profitto.
- Promozionali: Aumentare la visibilità dell'evento e attrarre un pubblico più vasto.
- Relazionali: Creare e rafforzare le relazioni con aziende e marchi di rilevanza.
- Obiettivi Specifici:
- Attirare un numero specifico di sponsor.
- Raggiungere un determinato importo in finanziamenti.
- Ottenere specifici tipi di supporto (es. servizi *in-kind*, pubblicità).

2. Analisi del Target
- Pubblico dell'Evento:
- Età, sesso, interessi, professioni, ecc.
- Comportamento di acquisto e *brand affinities*.
- Potenziali Sponsor:
- Aziende i cui prodotti o servizi si allineano con gli interessi del pubblico dell'evento.
- Aziende che hanno sponsorizzato eventi simili in passato.

3. Identificazione dei Potenziali Sponsor
- Settori da Considerare:
- Alimentari e bevande

- Tecnologia
- Abbigliamento e accessori
- Automobilistico
- Viaggi e turismo
- Banche e servizi finanziari
• Ricerca e Contatti:
- Creare una lista di aziende *target*.
- Ottenere informazioni di contatto delle persone chiave (es. responsabili *marketing* o *sponsorship manager*).
- Utilizzare *LinkedIn*, reti professionali e contatti esistenti per raggiungere i *decision-makers*.

4. Creazione di Pacchetti di Sponsorizzazione
• Livelli di Sponsorizzazione:
- Platinum: Massima visibilità e benefit esclusivi (es. *naming rights* dell'evento).
- Gold: Elevata visibilità e numerosi benefit (es. logo su materiali promozionali principali).
- Silver: Visibilità media e alcuni benefit (es. logo su sito web e *brochure*).
- Bronze: Visibilità di base e benefit limitati (es. menzione durante l'evento).
• Benefit Offerti:
- Logo e menzione su tutti i materiali promozionali (*online* e *offline*).
- Stand e spazi espositivi all'evento.
- Biglietti omaggio o scontati.
- Opportunità di parlare o presentare durante l'evento.
- Campagne di email marketing dedicate.
- Presenza sui *social media* e menzioni.

5. Preparazione del Materiale di Presentazione
• *Sponsorship Proposal:*

- Panoramica dell'evento: data, luogo, tema, pubblico atteso.
- Opportunità di sponsorizzazione: descrizione dettagliata dei pacchetti.
- Benefit per lo sponsor: visibilità, *branding*, accesso al *target*.
- Testimonianze e casi di studio di eventi precedenti (se disponibili).
- Contatti e *call to action* chiara.

• Materiale Aggiuntivo:
- *Brochure* dell'evento
- Video promozionale
- Presentazioni 'PowerPoint' personalizzate per *meeting*

6. Contatto e Negoziazione

• Iniziare i Contatti:
- Inviare email di presentazione con la proposta allegata.
- Effettuare chiamate di *follow-up*.
- Organizzare *meeting* di persona o video conferenze.

• Negoziazione:
- Essere aperti a personalizzare i pacchetti in base alle esigenze dello sponsor.
- Discutere tempi e modalità di pagamento.
- Formalizzare l'accordo con un contratto chiaro.

7. Implementazione e Attivazione

• Prima dell'Evento:
- Includere i loghi degli sponsor su tutto il materiale promozionale.
- Promuovere gli sponsor sui canali *social media* e nel sito web dell'evento.
- Assicurarsi che gli spazi e le attrezzature per gli sponsor siano pronti.

• Durante l'Evento:

- Garantire la visibilità degli sponsor secondo gli accordi.
- Facilitare interazioni tra sponsor e partecipanti.
- Monitorare l'esperienza degli sponsor e risolvere eventuali problemi.
• Dopo l'Evento:
- Ringraziare gli sponsor con email personalizzate.
- Fornire un *report* dettagliato sui risultati ottenuti (es. numero di partecipanti, copertura mediatica, ecc.).
- Discutere opportunità di sponsorizzazione per eventi futuri.

8. Valutazione e *Feedback*

• Raccogliere *Feedback*:
- Chiedere agli sponsor un feedback sulla loro esperienza.
- Valutare internamente l'efficacia delle strategie di sponsorizzazione adottate.
• Miglioramenti:
- Identificare aree di miglioramento per futuri eventi.
- Aggiornare e migliorare i pacchetti di sponsorizzazione in base al *feedback* ricevuto.

Implementando questo piano, si può garantire che l'evento ottenga il supporto necessario per avere successo, soddisfacendo al contempo le esigenze e le aspettative degli sponsor.

7. Marketing culturale

Il processo di creazione del *concept* riguarda non solo la comunicazione ma l'idea stessa dell'evento che stiamo organizzando. Questo dovrebbe basarsi sulla possibile risposta a quesiti relativi sottostanti 5 ambiti, più comunemente conosciuti come *Five Ws*[14]:

1. *Why?* Perché realizzare l'evento?
2. *Who?* Chi saranno i soggetti interessati alla manifestazione?
3. *When?* Quando si terrà l'evento?
4. *Where?* Dove sarà messo in scena l'evento?
5. *What?* Quale sarà il contenuto dell'evento?

Il *marketing* è importante per qualsiasi evento. A questo aspetto bisogna dedicare almeno una persona del nostro team. Di seguito sono elencate tre aree principali nell'ambito del *marketing* sulle quali concentrarsi: Stampa, Media e Digitale. All'interno di ciascuna di queste aree sono riportati esempi di strade e canali che possiamo utilizzare per commercializzare il nostro evento e dei suggerimenti da prendere in considerazione mentre lo facciamo.

Curare il *marketing* può influenzare l'immagine complessiva dell'evento, quindi prestiamo molta attenzione ai dettagli e cerchiamo sempre di creare un'esperienza visiva coerente e accattivante.
Teniamo presente l'aspetto del *Co-branding*. Se lavoriamo con sponsor o partner, integriamo i loro loghi e marchi nel materiale

---

[14] J. J. Goldblatt, 'Special events: best practices in modern event management' Wiley, 1997.

promozionale. Questo può aumentare la credibilità dell'evento e creare sinergie positive.

Comunicazione e Stampa

La cartella stampa
È fondamentale preparare in anticipo la cartella stampa in vista dell'evento, specialmente considerando che per i periodici potrebbe essere necessario inviare le informazioni fino a due mesi prima dell'occasione.

La cartella stampa, armonizzata esteticamente con la grafica dei materiali pubblicitari e promozionali, svolge il ruolo di un contenitore finalizzato a fornire ai giornalisti tutte le informazioni essenziali per la redazione di articoli o servizi sull'iniziativa. Oltre ai dati logistici, la cartella può includere una serie di approfondimenti tematici o argomenti d'appoggio, come:
- Invito ufficiale;
- Brochure informativa;
- Programma esteso e dettagliato dell'evento;
- Programma delle iniziative collaterali di intrattenimento;
- Riassunti degli interventi previsti;
- Dichiarazioni degli organizzatori (motivazioni dell'evento, ecc.);
- Scheda sull'ente o istituzione organizzatrice;
- Schede sugli sponsor coinvolti nell'iniziativa;
- Fotografie di oggetti o personalità di rilievo;
- Materiale promozionale turistico, nel caso di partecipanti provenienti da fuori città o regione.

Tutto questo mira a facilitare e arricchire il lavoro dei giornalisti, offrendo una panoramica completa e dettagliata dell'evento.

Comunicato stampa

- Preparare un comunicato stampa ufficiale della lunghezza non superiore a 1 pagina (utilizzando un *font* massimo di 12 pt.).
- Includere un punto di contatto (per media o scopi generali), il nome della propria organizzazione e le informazioni di contatto (telefono ed e-mail).
- Includere 'Con preghiera di pubblicazione' e la data di pubblicazione / distribuzione del comunicato stampa.
- Se l'evento si terrà a breve, sarà opportuno scrivere in calce: 'Pubblicazione immediata'.
- Se l'evento si terrà dopo qualche settimana o mese, sarà meglio specificarlo con 'Da posporre fino a [data]'.
- Il titolo deve catturare l'attenzione di chi legge. Sarà opportuno attenersi ad alcune regole di base:

1. Usare lettere maiuscole
2. Usare delle *keyword* e dei termini di ricerca popolari
3. Non superare 80/100 caratteri
4. Includere il nome dell'evento, definirne la tipologia e indicare dove si terrà.
5. Il sottotitolo implementa altre informazioni date dal titolo. Sono suggerite dalle 15 alle 20 parole.

Inoltriamo il comunicato stampa ai media locali circa un mese prima dell'evento. Per le informazioni di contatto possiamo visitare i loro siti web. Inoltre, come cortesia, non invieremo il comunicato stampa a singoli giornalisti a meno che non si abbia già costruito un rapporto di amicizia con qualcuno di loro.

Manifesti

Progettiamo graficamente un poster dell'evento per distribuirlo in giro per la città in posizioni strategiche chiave che si riferiscono al nostro pubblico di destinazione, assicurandoci di ottenere i permessi.

Giornali e altre pubblicazioni di stampa
È possibile scegliere di pubblicare annunci pubblicitari nel giornale locale o altre pubblicazioni stampate. Se abbiamo sufficiente *budget* per questo, possiamo trovare le informazioni di contatto all'interno di ogni giornale o pubblicazione stampata.

Media

Dopo aver redatto e finalizzato il comunicato stampa, vale la pena contattare i mezzi di informazione locali per ottenere una copertura pre-evento.

Quando pubblichiamo la notizia dell'evento sui media locali, è importante che il messaggio sia breve e conciso, assicurandoci al tempo stesso di includere punti salienti dell'evento che lo facciano risaltare rispetto ad eventi simili che si sono già svolti o che si potrebbero svolgere. È ovvio che i punti che seguono non vogliono essere un approfondimento relativo alle varie tematiche - ognuno di questi meriterebbe un capitolo a parte - ritengo sia utile però suggerire un modo efficace per comunicare il nostro evento attraverso queste piattaforme.

Calendari online
Ci sono molti calendari online gratuiti per pubblicare il nostro evento. Molti dei media locali hanno anche calendari online per cui il primo passo sarà dare 'notizia' dell'evento presso quest'ultimi. Una semplice ricerca su Google ci aiuterà comunque a trovare altri calendari.

Social media
Creare un evento di Facebook. Dovremo utilizzare questo strumento di *social media* per pubblicare aggiornamenti e informazioni sull'evento e interagire con altri utenti sui *social media* in merito al tuo evento. La veridicità di informazioni che daremo sarà molto importante per la nostra credibilità. Ovviamente sarà importante utilizzare altre piattaforme di *social media* come Twitter, Instagram, YouTube, Google+, ecc.

Sito web
Creare un sito web se questo è nel nostro *budget* è di fondamentale importanza. In un mondo sempre più orientato alweb, molte aziende hanno riscontrato numerosi vantaggi. I fatturati negli ultimi anni hanno avuto un incremento determinante. A rivelarlo è un'analisi realizzata da Google in collaborazione conDoxa Digital.
Quali sono i vantaggi:
Visibilità 24/24: il sito web equivale alla 'vetrina di un negozio' visibile in qualsiasi momento. Il vantaggio principale è quello di farsi conoscere e destare interesse nei potenziali sponsor e pubblico a livello locale, nazionale e globale.
Affidabilità: avere il sito web significa conquistare sempre di più la fiducia dei potenziali sponsor. Essere attivi nella rete non solo dà la garanzia ai consumatori di esistere effettivamente nel mercato ma anche di dimostrare una particolare attenzione nei loro confronti.
Maggior considerazione: la maggior parte dei consumatori si fida di ciò che conosce; essere presenti online contribuisce ad aumentare la propria reputazione nel web. Più la reputazione è buona più sono maggiori le prospettive di fidelizzazione dei clienti e, di conseguenza, l'aumento del fatturato del proprio business.

Promozione dei propri prodotti/servizi: il 92% delle aziende non ha mai preso in considerazione la vendita sul web. Eppure avere il sito internet non solo ha il grande vantaggio di presentare il team, la storia ed i valori dell'azienda/organizzazione, ma anche di promuovere i propri prodotti e servizi ad un preciso target di utenti. (Fonte:Prima Online) Differenziazione dalla concorrenza: un sito web integrato ad una efficace strategia di *marketing* permette di essere considerati degli esperti, e quindi avere un vantaggio competitivo rispetto ai propri concorrenti.

Contatto con i clienti: con il sito web e specifiche azioni (come ad esempio l'invio di *Newsletter*) si mantiene alto l'interesse del proprio pubblico e degli sponsor potenziali.

Web App

Inutile dire che tutto il materiale incluso nella web-app può essere implementato anche sul sito web (e viceversa) ma è ovvio che nella organizzazione degli eventi il sito web ha, come già detto, una funzione più 'istituzionale' e di immagine. Gli eventi, grandi o piccoli che siano, adesso passano dallo *smartphone*. I partecipanti si aspettano di avere informazioni sull'evento in anteprima, stabilire un proprio programma, registrarsied eventualmente creare un network con altri delegati – tutto da *mobile*.

L'utilizzo di *web-app* nell'organizzazione degli eventi può migliorare notevolmente l'efficienza, la comunicazione e l'esperienza complessiva dei partecipanti, creando un ambiente più interattivo, coinvolgente e tecnologicamente avanzato. Le *app* per eventi sono diventate uno standardper il settore. Per riuscire a commissionarne una su misura per ogni occasione, che sia efficace e risponda alle necessità specifiche dell'evento, abbiamo bisogno di capire le funzioni che un'applicazione può supportare, quali di queste ti servono, e che ruolo intendiamo affidare alla *app* nel corso dell'evento. la useremo per il *check-in*? Per sondaggi interattivi? Per prenotare sessioni o raccogliere *feedback*?

Approfondendo le appe il loro funzionamento saremo in grado di creare esperienze intuitive e coinvolgenti per i nostri partecipanti e saremo in grado di comunicarle con più efficacia al partner che si occupa di progettare la nostra applicazione.

Ecco alcune delle funzioni principali delle web-app nell'organizzazione degli eventi:
1. Comunicazione e Informazioni: Le web-app consentono di fornire ai partecipanti tutte le informazioni rilevanti sull'evento, come programma, orari, luoghi, relatori, espositori e dettagli logistici. Questo aiuta i partecipanti a pianificare la loro partecipazione in modo accurato.
2. Interazione e Coinvolgimento: Le *web-app* offrono funzioni interattive, come sondaggi, quiz, votazioni e domande in tempo reale, che coinvolgono attivamente i partecipanti nelle sessioni e nelle attività dell'evento.
3. *Networking* e Connessioni: Molte *web-app* includono strumenti per la creazione di profili personali, consentendo ai partecipanti di connettersi tra loro, pianificare incontri e creare relazioni professionali.
4. Notifiche e Aggiornamenti: Le *web-app* consentono l'invio di notifiche push in tempo reale per comunicare aggiornamenti, cambiamenti nel programma, annunci importanti e informazioni urgenti ai partecipanti.
5. Materiale Multimediale: Le *web-app* possono ospitare materiale multimediale, come presentazioni, video, immagini e documenti, offrendo ai partecipanti un accesso immediato a risorse pertinenti.

6. Prenotazione e Gestione: Alcune *web-app* consentono ai partecipanti di prenotare sessioni, posti a sedere o incontri individuali, semplificando la gestione delle risorse e la pianificazione degli eventi.
7. Mappa e Navigazione: Le *web-app* possono includere mappe interattive dell'evento e delle sedi, facilitando la navigazione dei partecipanti all'interno dei luoghi dell'evento.
8. *Feedback* e Valutazioni: Le *web-app* possono raccogliere *feedback* e valutazioni post-evento dai partecipanti, consentendo agli organizzatori di valutare il successo dell'evento e apportare miglioramenti futuri.
9. Partecipazione Remota: Le *web-app* possono consentire la partecipazione remota a sessioni o presentazioni, fornendo accesso a streaming video in diretta e materiali di supporto.
10. Personalizzazione: Le *web-app* possono essere personalizzate per rispondere alle esigenze specifiche dell'evento, offrendo un'esperienza unica e rilevante per i partecipanti.

8. I volontari

Questo argomento merita a mio avviso un capitolo a parte perché questo 'manuale', anche offrendo una visione generica sugli eventi e sull'organizzazione degli stessi, si rivolge soprattutto a quelle piccole realtà come associazioni e piccoli gruppi che vorrebbero, o già lo fanno, organizzare degli eventi culturali. Ciò detto, non si può sottovalutare l'apporto che i volontari possono dare al nostro evento. Questi soggetti sono di solito quelli che stanno in prima linea, quindi è importante selezionare singoli volontari o gruppi di volontari che siano positivi e impegnati nella nostra causa.
Il primo passo è quello di determinare le nostre esigenze. Abbiamo bisogno di addetti alle pulizie o solo aiutanti in grado di spostare le attrezzature? Identifichiamo le opportune aree di necessità, e facciamo un elenco delle mansioni che i volontari dovranno eseguire.

Per esempio:
1. Necessità:
- Pulizia e smantellamento;
- Raccolta di tavoli, sedie e contenitori per rifiuti rotabili.

2. Doveri:
- Raccogliere la spazzatura all'interno dell'evento e metterla nei contenitori per la spazzatura;
- Dopo aver raccolto la spazzatura, ripiegare i tavoli e le sedie e passare al punto di raccolta;
- Raccogliere tutti i contenitori di spazzatura a scomparsa e portarli al punto di raccolta;
- Eseguire una spazzata finale all'interno del sito dell'evento.

Successivamente, prenderemo in considerazione il numero di volontari che occorrono per svolgere tali compiti. Alcuni potrebbero pensare che assumere un gran numero di volontari renderà il nostro evento più fluido. In realtà, avere un gran numero di volontari può comportare una notevole quantità di coordinamento e comunicazione nel giorno dell'evento, che potrebbe essere difficile per la nostra squadra. È utile sedersi e discutere di queste considerazioni con il proprio team di pianificazione.

Una volta che tutti i ruoli, le mansioni, gli orari di inizio / fine e i numeri dei volontari sono stati determinati, si dovrà decidere se lavorare con un team o con singoli volontari.

Volontari di team

Di solito sono dipendenti di un'azienda o membri di un'organizzazione e hanno un leader designato (ad esempio i membri di una associazione, ecc.).

<u>Benefici nel Coinvolgere Volontari di Team:</u>

1. Sinergia e Collaborazione:
I volontari di team lavorano spesso insieme; questo facilita una maggiore sinergia e collaborazione nella pianificazione e nell'esecuzione dell'evento.
2. Diversità di Competenze:
Le squadre possono includere individui con diverse competenze e abilità, consentendo una copertura più ampia delle attività richieste per l'evento
3. Condivisione del Carico di Lavoro:
La suddivisione delle responsabilità tra membri del team consente di condividere il carico di lavoro in modo più equo.

4. Comunicazione più Fluida:
Essendo già un team, i volontari possono avere una comunicazione più fluida, con maggiore familiarità nel gestire le dinamiche di gruppo.
5. Motivazione e Spirito di Squadra:
Il coinvolgimento di un *team* può promuovere una maggiore motivazione e uno spirito di squadra, con membri che si sostengono a vicenda e condividono il senso di realizzazione al termine dell'evento.

<u>Svantaggi nel Coinvolgere Volontari di Team:</u>

1. Esclusività e Resistenza al Cambiamento:
Un team consolidato potrebbe essere esclusivo e resistente ai nuovi membri o a nuove idee, limitando la diversità di prospettive nell'organizzazione dell'evento.
2. Possibile Assenza di Ruoli Chiari:
In un team già esistente, potrebbe esserci una mancanza di definizione dei ruoli specifici per l'evento, portando a sovrapposizioni o lacune nelle responsabilità assegnate.
3. Complicazioni nella Pianificazione:
Il coordinamento di un team può essere più complesso rispetto alla gestione di volontari individuali, specialmente se ci sono conflitti interni o difficoltà di pianificazione delle riunioni.
4. Rischio di Conflitti Interni:
Gruppi già costituiti possono portare con sé dinamiche interne e potenziali conflitti che potrebbero influire negativamente sulla gestione dell'evento.
5. Limitata Flessibilità:
La rigidità di una struttura di team potrebbe limitare la flessibilità nell'adattamento alle esigenze mutevoli dell'evento, richiedendo più sforzi per apportare modifiche.

Volontari individuali

Le persone che sono state reclutate o che hanno espresso interesse a prestare volontariamente il proprio tempo per la propria organizzazione o evento.

Benefici nel Coinvolgere Volontari Individuali:

1. Diversità di Prospettive:
Volontari individuali portano con sé una vasta gamma di esperienze e prospettive, contribuendo a una maggiore diversità di idee e soluzioni durante la pianificazione dell'evento.
2. Flessibilità e Adattabilità:
Gli individui sono spesso più flessibili e adattabili a compiti diversi, consentendo una maggiore versatilità nell'affrontare le esigenze mutevoli di un evento.
3. Facilità di Gestione:
La gestione di volontari individuali può essere più diretta e meno complessa rispetto alla gestione di team già formati, semplificando le dinamiche organizzative.
4. Ampia Copertura di Competenze:
La selezione di volontari individuali può portare a una copertura più ampia di competenze, permettendo di assegnare ruoli specifici in base alle abilità di ciascun volontario.
5. Promozione di Nuove Connessioni:
Gli individui possono creare nuove connessioni durante l'evento, favorendo la diversità delle reti sociali e la possibilità di coinvolgere più persone in futuro.

Svantaggi nel Coinvolgere Volontari Individuali:

1. Possibile Mancanza di Coordinamento:

L'assenza di un team predefinito potrebbe portare a una mancanza di coordinamento, richiedendo sforzi aggiuntivi per garantire una comunicazione efficace e una pianificazione ben organizzata.

2. Necessità di Orientamento Continuo:
Volontari individuali potrebbero richiedere più orientamento e supervisione rispetto a un team già formato, soprattutto se sono nuovi nel contesto dell'evento.

3. Rischio di Bassa Motivazione:
La mancanza di un legame preesistente potrebbe comportare una minore motivazione da parte di alcuni volontari individuali, rendendo necessario trovare modi efficaci per mantenere l'entusiasmo.

4. Coerenza nell'Impegno:
Gli individui potrebbero avere impegni diversi e orari limitati, rendendo più difficile garantire una coerenza nell'apporto di aiuto nell'arco dell'intero evento.

5. Difficoltà nel Creare un Senso di Comunità:
Senza un background comune, potrebbe essere più difficile creare un senso di comunità tra i volontari individuali, influendo sulla coesione e sulla collaborazione.

Sia che si lavori con un team o individui, è importante avere una comunicazione chiara e concisa con i volontari prima e durante l'evento. Inoltre, dopo l'esperienza, bisognerà mettersi in contatto con i volontari per un *feedback*. questo, valido o negativo, ci aiuterà a crescere in questo settore.

9. Ci avviciniamo alla data dell'evento

Il giorno dell'evento si avvicina rapidamente e noi dovremo definire le informazioni e dare il via ad un *report* pre-evento. La progettazione di un evento richiede una pianificazione accurata attraverso l'identificazione preventiva degli strumenti necessari per una gestione efficace. In questo contesto, si consiglia di creare una matrice, ovvero uno schema semplice *(check-list)* che permetta di individuare:
- Le attività da svolgere;
- Il luogo o fornitore coinvolto;
- Il responsabile e eventuali collaboratori;
- La tempistica associata a ciascuna attività.

Ecco un esempio di *check-list*:
Ad ogni modo, e per essere più accurati, ecco le cose da fare e la relativa tempistica *pre* e *post-evento*:

ATTIVITA'	LUOGO	SCADENZA	RESPONSABILE	COLLABORATORE
Prenotazione Hotel	Hotel Mare	Riservare 20 posti entro il 10 giugno	Sign. Gargiulo	NO
Catering	Ciccio Food&Drink	5 giugno	Sign.ra Esposito	Sign.ra Laurenti
Materiale Pubblicitario	Grafica Conte	2 giugno	Sign. Monti	Sign.ra Fattorusso
Ecc.				

1-2 settimane prima dell'evento
- Controllare la vendita dei biglietti e comunicare i numeri dei partecipanti finali al servizio *catering* (se previsto);
- Riconfermare le date e gli orari dei vari numeri con artisti;
- Organizzare riunioni pre-evento con tutti i componenti del team;
- Eseguire un ultimo *walk-through* del luogo e di tutti gli spazi per eventi;

- Creare una cronologia degli eventi dettagliata per ora per i principali volontari e gli eventuali fornitori;
- Creare un 'kit di sopravvivenza' per il giorno dell'evento completo di oggetti necessari: penne, pennarelli, evidenziatori, nastro adesivo, forbici, ecc.;
- Preparare *badge* per designare personale e volontari;
- Inviare le informazioni finali ai partecipanti tra cui indicazioni stradali, mappe e dettagli dell'ultimo minuto;
- Discutere della logistica meteorologica grave con il team di pianificazione (nel caso di evento all'aperto).

1-2 giorni prima dell'evento
- Creare un elenco di cose da fare per assicurarci che tutte le tue attività siano completate;
- Assicuriamoci di avere numeri di contatto importanti per gestori di locali, fornitori di servizi, volontari o agenti di polizia non di emergenza in un unico luogo e facilmente accessibili nel giorno dell'evento;
- Dare conferma al catering (qualora fosse previsto);
- Consegnare materiali / attrezzature al sito della sede (se possibile).

Il giorno dell'evento
Il giorno dell'evento trascorrerà rapidamente, e per quanto pensiamo di aver provveduto a tutto che sorgeranno alcune cose inaspettate. Se qualcosa dovesse accadere, assicuriamoci di utilizzare le risorse a disposizione come:
- Il team di pianificazione
- I volontari
- La nostra agenda dove sono annotati i 'numeri importanti'
- Il 'kit di sopravvivenza del giorno dell'evento'

Sarà anche importante arrivare presto alla sede e rimanere fino alla fine dell'evento. In questo modo si potrà monitorare i nostri fornitori di servizi per supervisionare il loro set-up e il loro smantellamento assicurandosi che rispettino le politiche del locale.
Una volta che tutto è funzionante, assicuriamoci di fare il check-in con tutti gli sponsor e i volontari durante l'evento e finalmente rilassiamoci e godiamoci il nostro evento.

Post-Evento
Nella settimana seguente sarà opportuno valutare, e rendicontare l'evento. Questo *follow-up* è importante e atteso da tutti gli attori, protagonisti e no, che hanno preso parte al nostro evento.
Il post-evento ha due fasi: la consuntivazione e la valutazione post-evento.

Consuntivazione
La consuntivazione è la fase in cui si effettua una verifica dettagliata dei risultati e degli elementi finanziari dell'evento appena concluso. Questa fase è orientata principalmente a raccogliere e analizzare i dati quantitativi e qualitativi relativi all'evento.
Ecco alcuni aspetti chiave della consuntivazione:
1. - Raccolta dei Dati:
Si raccoglie l'insieme dei dati riguardanti l'evento, come il numero di partecipanti, i fondi raccolti, l'efficacia delle strategie di *marketing*, e qualsiasi altra informazione rilevante.
2. Analisi Finanziaria:
Si esamina attentamente il *budget* dell'evento, confrontando le spese preventivate con quelle effettive. Questo processo

consente di identificare eventuali scostamenti e di comprendere come sono stati gestiti i fondi.
3. Valutazione degli Obiettivi
Si confrontano gli obiettivi iniziali dell'evento con i risultati effettivamente raggiunti. Questa valutazione aiuta a capire se gli obiettivi sono stati soddisfatti o se ci sono aree che richiedono attenzione in futuro.
4. Identificazione di Successi e Criticità:
Si identificano le attività che hanno avuto successo e quelle che potrebbero richiedere miglioramenti. Questo può comprendere la valutazione delle performance degli speaker, l'efficacia delle attività di intrattenimento, e altro ancora.
5. Documentazione dei Risultati:
Tutti i risultati della consuntivazione vengono accuratamente documentati in rapporti, relazioni o documenti interni. Questi documenti costituiranno una base di conoscenza per gli eventi futuri.

Valutazione Post-Evento
Dopo la consuntivazione, segue la fase di valutazione post-evento, che si concentra sulla raccolta di *feedback* qualitativi e sull'analisi delle esperienze dei partecipanti. Questa fase fornisce un'opportunità per comprendere meglio gli aspetti emotivi e soggettivi dell'evento. Ecco gli aspetti chiave della valutazione post-evento:
1. Sondaggi e Questionari:
Si creano sondaggi e questionari per raccogliere *feedback* dettagliati dai partecipanti sull'esperienza complessiva dell'evento. Le domande possono riguardare la soddisfazione, la qualità delle sessioni, la logistica, e altro ancora.
Ma sarà importante rivolgere anche a noi stessi delle domande. Queste potrebbero essere:

A. *La comunicazione con tutti gli 'attori' (sponsor, volontari, fornitori) è stata efficace?*
B. *Questi come si sono comportati?*
C. *La sede è stata una buona scelta per l'evento?*
D. *Se gli sponsor erano in loco, quale è stata la loro opinione sull'evento quando ci siamo confrontati con loro?*
E. *Quanti partecipanti c'erano?*
F. *In che modo i partecipanti hanno interagito con le attività o hanno risposto alla programmazione?*
G. *I media hanno mostrato di coprire l'evento? Se è così, chi è venuto e che tipo di copertura abbiamo ricevuto?*
H. *Siamo riusciti a rispettare il budget?*
I. *Abbiamo raggiunto l'obiettivo che ci eravamo prefissati?*
J. *Pensiamo che l'evento abbia avuto un impatto sulla comunità? In tal caso, qual è stato l'impatto?*
K. *Vorremo tenere di nuovo questo evento?*

2. Analisi delle Risposte:
Le risposte raccolte vengono analizzate attentamente per identificare trend, punti di forza e aree di miglioramento. Questa analisi è preziosa per apportare correzioni e miglioramenti agli eventi futuri.
3. Interviste e Focus Group:
Si conducono interviste o *focus group* con i partecipanti chiave o gli stakeholder per ottenere *feedback* più approfonditi e qualitativi sull'evento.
4. Valutazione dell'Impatto:
Si valuta l'impatto dell'evento sul pubblico di riferimento, sulle relazioni con gli sponsor, e su altri obiettivi strategici. Questo aiuta a misurare il successo complessivo dell'evento.
5. Pianificazione per il Futuro:

Sulla base dei *feedback* e dei risultati raccolti, si pianificano azioni correttive e miglioramenti per gli eventi futuri. Questo processo contribuisce a un apprendimento continuo e a una costante crescita nell'organizzazione di eventi.

Assicuriamoci che questa discussione di *follow-up* sia condotta con il team di pianificazione subito dopo l'evento, mentre tutto è ancora ben vivo nella nostra mente. Il team vorrà discutere onestamente e riconoscere i successi e le sfide sostenute attraverso un *feedback* costruttivo e critico, e se qualcosa è andato storto, chiediamoci sin da subito come possa essere migliorato.

Nei ringraziamenti ci assicureremo di ringraziare e di riconoscere i contributi di:
- Sponsor
- Volontari
- Relatori o relatori
- Fornitori
- Qualsiasi media che ha fornito copertura

#note di ringraziamento
Le note di ringraziamento post-evento sono il mezzo ideale per esprimere la nostra gratitudine e riconoscimento a coloro che hanno reso possibile il successo dell'evento. Un approccio attento e personalizzato a questa pratica è essenziale per trasmettere appieno il nostro apprezzamento. Ecco come sviluppare note di ringraziamento post-evento in modo efficace:
1. L'Importanza della Personalizzazione:
Le note di ringraziamento devono essere personalizzate e mirate. Includere il nome del destinatario crea un legame più forte e trasmette un senso di attenzione individuale. Questo

sottolinea che il ringraziamento non è solo una formalità, ma un sincero riconoscimento della loro partecipazione.
2. L'Espressione Sincera della Gratitudine:
L'inizio della nota dovrebbe essere un riflesso autentico della nostra gratitudine. Utilizzare un linguaggio caloroso e positivo è fondamentale per far sentire i destinatari apprezzati e riconosciuti per il loro contributo.
3. Specificità per Rendere Tangibili gli Apprezzamenti:
Evitare ringraziamenti generici e concentrarsi su aspetti specifici che hanno colpito. Menzionare contributi o azioni specifiche dimostra che abbiamo notato gli sforzi individuali e che il nostro riconoscimento è basato su dettagli concreti.
4. Il Richiamo di Momenti Salienti dell'Evento:
Richiamare alcuni momenti chiave dell'evento aggiunge un tocco personale. Questo dimostra che non solo si riconosce la partecipazione, ma si riflette anche sull'esperienza condivisa, rafforzando il senso di connessione.
5. Il Riconoscimento Speciale per i volontari:
Se ci sono stati volontari che hanno dedicato il loro tempo e le loro energie, è cruciale riconoscere il loro impegno. Un ringraziamento speciale per il loro contributo dimostra un'apprezzamento aggiuntivo per il lavoro volontario.
6. L'Importanza di Menzionare gli Sponsor:
Se gli sponsor hanno contribuito all'evento, menzionare il loro supporto è fondamentale. Questo sottolinea l'importanza del loro contributo e crea un rapporto di reciproco riconoscimento.
7. Pianificare una Continuità nella Collaborazione:
Terminare la nota con una prospettiva futura è cruciale. Esprimere la speranza di continuare la collaborazione in future iniziative o eventi crea un ponte per il coinvolgimento continuo, mantenendo viva la connessione.
8. La Firma Personale:

Concludere la nota con una firma personale aggiunge un tocco umano. Una firma non solo conferisce autenticità al ringraziamento, ma aggiunge anche un elemento di calore e familiarità.

Esempio:
Caro [Nome del Destinatario],
Vorremmo esprimere la nostra sincera gratitudine per la tua partecipazione e il tuo contributo all'evento [Nome dell'Evento]. La tua presenza ha aggiunto un valore incredibile e ha reso l'atmosfera ancora più speciale.
Apprezziamo enormemente [menzione di specifiche azioni o contributi], che ha davvero reso unico l'evento. I tuoi sforzi hanno un impatto positivo, e siamo grati per il tuo impegno.
Guardando avanti, speriamo di poter contare ancora sulla tua partecipazione nelle nostre future iniziative. Grazie ancora per esserti unito a noi e aver contribuito al successo dell'evento.
Cordiali saluti,
[Tuo Nome]
[Tuo Titolo/Organizzazione]

10. Conclusioni

Organizzare un evento culturale nella società post-moderna e digitale di oggi offre opportunità uniche per coinvolgere il pubblico, amplificare l'accessibilità e creare connessioni globali. Facendo riferimento alla Convenzione dell'Unesco sulla promozione e la protezione della diversità delle espressioni culturali (2005), la protezione, la promozione e la conservazione della diversità culturale sono considerate principi basilari per lo sviluppo (art.6). Preservare la diversità culturale presuppone la costruzione di un'uguaglianza intergenerazionale e intragenerazionale, l'incoraggiamento del processo creativo e l'uguaglianza di genere[15]. La cultura può anche essere considerata come un valore aggiunto ai pilastri economici, sociali e politici dello sviluppo sostenibile, in particolare attraverso il riconoscimento delle diversità culturali[16]

Per quanto riguarda il fenomeno 'eventi di cultura', l'Istat[17] dopo avere registrato un crollo della partecipazione culturale che è passata dal 35 % del 2019 all'8 % del 2021 ha di recente (marzo, 2023) annotato una crescita del fenomeno nell' ultimo anno.

'Nel 2022 aumenta la fruizione di almeno uno spettacolo o forma di intrattenimento (teatro, concerti, cinema, discoteca, spettacoli sportivi, ecc.)

---

[15] David Throsby, The Economics of Cultural Policy, Cambridge: Cambridge University Press, 2010, p. 195; COST, Culture in, for and as Sustainable Development. Conclusions from the Cost Action IS1007 investigating Cultural Sustainabillity, Jyväskylä: European Cooperation in Science and Technology, 2015, p. 24.

[16] John Hawkes, The Fourth Pillar of Sustainability. Culture's Essential Role in Public Planning, Victoria: The Cultural Development Network of Victoria, 2001; Jean-Michel Lucas, *Culture et développement durable. Il est temps d'organiser la palabre,* Paris, Irma, 2012.

[17] l'Istituto Nazionale di Statistica

da parte delle persone di 6 anni e più, ma è ancora sotto i livelli prepandemici (49,5% contro il 64,6% del 2019).

Quote di partecipazione agli eventi più elevate tra le donne rispetto agli uomini per musei/mostre (23,3% contro 21,8%) e teatro (13,5% contro 10,6%). Per gli uomini quote maggiori per spettacoli sportivi (25,9% contro 11,8%), discoteche (13,4% contro 10,9%), cinema (31,7% contro 29,6%) e concerti di musica (12% contro 10,5%).

Livelli di partecipazione a spettacoli e intrattenimenti sono più elevati nel Centro-nord rispetto al Mezzogiorno. La pandemia, che ha condizionato ovunque la fruizione degli eventi, ha però ridotto le distanze.

Tassi di fruizione maggiori si rilevano tra le persone con titolo di studio più elevato.

Nel 2022 partecipa ad almeno uno spettacolo o intrattenimento fuori casa il 49,5% delle persone di 6 anni e più, recuperando 28,4 punti percentuali sul 2021, quota che si mantiene comunque su livelli inferiori al periodo pre- pandemico (64,6% nel 2019). Dal 2020, infatti, le restrizioni nell'accesso ai luoghi della cultura e dell'intrattenimento, disposte ai fini del contenimento della diffusione del Covid-19, hanno inciso notevolmente sulla fruizione della maggior parte delle attività di svago svolte fuori casa.

Tra il 2019 e il 2020 le riduzioni più accentuate riguardano la fruizione di spettacoli teatrali e il recarsi a un museo o a una mostra (che hanno perso circa 4,5 punti percentuali), mentre risultano più contenute per altre forme di intrattenimento. Nel 2021 il recarsi a teatro, al cinema e ad assistere a concerti di rock, pop, jazz, ecc. sono abitudini che perdono proporzionalmente di più rispetto ad altre forme di intrattenimento, riducendosi di circa cinque volte rispetto al 2020. La fruizione degli altri tipi di svago si riduce proporzionalmente di meno (circa di tre volte).

Nel 2022, diversamente dal biennio 2020-2021, si osserva una buona ripresa delle varie forme di spettacolo e fruizione culturale, con aumenti che vedono almeno più che raddoppiare la partecipazione. Gli aumenti più consistenti riguardano la fruizione del teatro che, nel 2022, presenta un valore quattro volte superiore rispetto al 2021. La partecipazione a concerti e il recarsi al cinema, in discoteca e a spettacoli sportivi risulta invece triplicata. Tuttavia, la ripresa registrata nel 2022 non riconduce la partecipazione ai livelli pre-pandemici, ma si arresta a valori inferiori al 2019 per tutte le forme di intrattenimento.

Nel 2022 si registra una partecipazione complessiva a intrattenimenti e spettacoli pari al 52,4% per gli uomini (+29,8 punti percentuali sul 2021) e pari al 46,7% per le donne (+26,9).

Tra le varie forme d'intrattenimento si osservano però differenze di genere, a eccezione dei concerti di musica classica e delle visite ai siti archeologici/monumenti, per i quali la quota di partecipazione delle donne è pressoché simile a quella degli uomini.

Le donne, più degli uomini, visitano musei/mostre (23,3% contro 21,8%) e vanno a teatro (13,5% contro 10,6%). Per gli uomini si osservano maggiori preferenze nei confronti degli spettacoli sportivi (25,9% contro 11,8%), nel recarsi in discoteca/luoghi in cui si balla (13,4% contro 10,9%), nell'andare al cinema (31,7% contro 29,6%) e a concerti pop, rock, jazz, ecc. (12% contro 10,5%).

Tra il 2021 e il 2022 la partecipazione è in ripresa per entrambi i sessi, ma con aumenti superiori tra le donne per musei/mostre (+14,4 punti percentuali contro +12,8 degli uomini) e teatro (+10,5 punti percentuali contro +7,8), viceversa aumentano per gli uomini più gli spettacoli sportivi (+18 punti percentuali rispetto a +8,4 delle donne), il cinema (+22,1 punti percentuali rispetto a +20,9) e le discoteche/luoghi in cui si balla (+8,6 rispetto a +7,3). Negli altri tipi di intrattenimento l'aumento è stato pressoché analogo.[1]

(Fonte: Istat - Istituto Nazionale di Statistica - , manifesto del 23 Marzo 2023 - statistiche *today*)

È comunque un dato di fatto che l'attenzione alla Cultura in Italia è sempre stata oggetto di critiche dagli attori del mondo culturale. In Italia nessuno dispone di dati aggiornati e completi sui teatri in funzione, sulle librerie attive, sulle edicole ancora aperte, ecc. In una puntata di Rai3, 'Report' (andata in onda lunedì, 18 aprile 2023): sembrerebbe che al Ministero della Cultura nessuno sappia nemmeno il numero dei teatri che hanno chiuso negli ultimi anni. Ha sostenuto Ranucci (conduttore e redattore): '*qualcuno dovrebbe quantificare quanto ci costa questo immenso patrimonio culturale storico architettonico abbandonato. Ma nessuno lo sa, perché la Direzione Generale Spettacolo del Ministero della Cultura ci fa sapere che non c'è un censimento aggiornato… Per il 2022, finanziano 420 milioni di euro destinati solo a spettacoli e non alle infrastrutture. Per i teatri non è previsto nulla, possono pure crollare… E naturalmente su tutto questo non è destinato neanche un solo euro del Piano di Ricostruzione e di Resilienza*'.

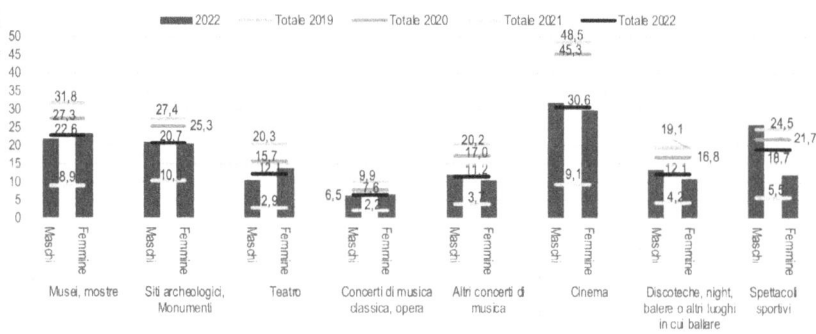

Fonte: Istat, Indagine Aspetti della vita quotidiana

Ad ogni modo, e per tentare di riassumere in poche righe questo 'manuale', ecco alcuni suggerimenti per organizzare un evento culturale di successo nell' era post-moderna digitale:

1. Scelta del formato: Bisogna considerare diverse opzioni per il formato dell'evento. Si può optare per un evento completamente virtuale, utilizzando piattaforme di streaming e conferenze online, oppure organizzare un evento ibrido, combinando sia elementi virtuali che fisici.
2. Tematica e contenuti: Definiamo una tematica chiara e coinvolgente per il nostro evento culturale. Scegliamo contenuti pertinenti che riflettano l'obiettivo dell'evento, come spettacoli artistici, conferenze, workshop, performance musicali, mostre virtuali o letture di poesie.
3. Piattaforme digitali: Utilizziamo in maniera consapevole piattaforme digitali affidabili e adatte all'evento. Piattaforme di streaming live, *social media*, siti web dedicati o piattaforme di event management possono essere utilizzate per ospitare l'evento, fornire informazioni, promuovere il programma e consentire l'interazione tra i partecipanti.
4. Coinvolgimento del pubblico: Creiamo opportunità di coinvolgimento attivo per il pubblico. Ad esempio, organizziamo sessioni di domande e risposte dal vivo, sondaggi interattivi, concorsi o discussioni online. Inoltre, incoraggiamo il pubblico a condividere le proprie esperienze e opinioni tramite *hashtag* o *community online* dedicate all'evento.
5. Collaborazioni e partnership: Consideriamo la possibilità di collaborare con artisti, istituzioni culturali, *influencer* o altre organizzazioni. Le partnership possono contribuire a promuovere l'evento, raggiungere un pubblico più ampio e arricchire la qualità del programma offrendo prospettive diverse.
6. Accessibilità: Assicuriamoci che l'evento sia accessibile a tutti. Consideriamo l'eventualità di utilizzare sottotitoli in caso di lingue extra per i contenuti multimediali, forniamo una trascrizione delle conferenze o delle performance, consideriamo

l'utilizzo di tecnologie per l'accessibilità, come la descrizione audio per le opere d'arte visive.

7. Promozione e *marketing*: Utilizziamo strategie di promozione online per raggiungere il pubblico target. Utilizziamo massicciamente *social media*, pubblicità online, *mailing list*, *influencer* o *blogger* per diffondere informazioni sull'evento e creare aspettativa.

8. Valutazione e *feedback*: Raccogliamo il *feedback* dei partecipanti per valutare l'efficacia dell'evento. Creiamo sondaggi post-evento e permettiamo ai partecipanti di lasciare recensioni e commenti online. Questo ci aiuterà a migliorare le future edizioni dell'evento.

9. Networking virtuale: Organizziamo sessioni di networking tramite piattaforme dedicate, chat room o gruppi di discussione online per creare connessioni tra i partecipanti e favorire collaborazioni future.

10. Conserviamo il materiale: Registriamo l'evento culturale e conserviamo il materiale multimediale prodotto. In questo modo sarà possibile condividere le registrazioni dopo l'evento per raggiungere un pubblico più ampio o offrire la possibilità di rivedere il programma per chi non ha potuto partecipare in tempo reale.

Ricordiamoci infine di adattare queste linee guida alle specificità del nostro evento e di considerare le esigenze del pubblico. Sfruttiamo al massimo le opportunità offerte dalla società digitale per creare un evento culturale coinvolgente e memorabile.

#contributi

In questa appendice abbiamo ritenuto utile proporre i contributi di quattro importanti organizzatori di eventi, relativi ad argomenti trattati nel presente lavoro. Si tratta di riflessioni frutto di esperienze sul campo, un campo che, sebbene regolato da mezzi e criteri imprescindibili, è sempre in divenire.

Non ha dubbi Guillermo Albelo[18] su quali debbano essere le risorse e i servizi necessari per garantire una comunicazione efficace con partecipanti di diverse lingue a un evento internazionale.

(G.A.) *La comunicazione multilingue è un aspetto molto importante nell'organizzazione e nell'implementazione di un evento internazionale, sia esso musicale, educativo o culturale, che sono i campi in cui opero. Avendo diretto festival di musica internazionali sin dal 2001, ho fatto sì che il team di produzione dell'evento fosse composto da personale multilingue, soprattutto per quanto riguarda la lingua inglese e non solo. In un evento internazionale, oltre all' attività in sé, è rilevante evidenziare che, durante i giorni dell'evento, c'è una grande interazione tra organizzatori, partecipanti, media e pubblico, il che oltre ad essere necessario per la buona riuscita dell'evento ha un impatto anche interno in quanto da la possibilità al nostro staff che è formato essenzialmente da volontari, anche studenti, di creare una ulteriore occasione di praticare le lingue.*

---

[18] Guillermo è un compositore, autore, musicista, produttore e editore musicale. Fondatore della casa discografica *Tabaiba Records* dal 1990 e direttore dei festival musicali internazionali: *'Universong'* Festival Internacional De La Canción De Las Islas Canarias e 'Viva la Musica' sin dal 2001. Guillermo è promotore e organizzatore di eventi culturali e conta esperienze lavorative anche presso il Dipartimento della Cultura del Governo delle Isole Canarie nell'ambito del patrimonio Storico e Artistico.

Quanto all'uso della tecnologia e delle piattaforme digitali per migliorare l'esperienza dei partecipanti ad eventi internazionali...

(G.A.) *Certamente, l'utilizzo della tecnologia, delle diverse piattaforme digitali e dei social network riveste un'importanza fondamentale nell'ottica di migliorare l'esperienza degli artisti e degli altri professionisti della musica internazionale che, da oltre trent'anni, partecipano ai concorsi musicali e agli eventi organizzati da ORFEUM, l'Organizzazione di Festival Musicali di cui ho l'onore di essere presidente. Sia al momento dell'iscrizione alle diverse attività e ai concorsi, sia nell'invio di informazioni e comunicazioni, nonché nella promozione dei partecipanti e nella diffusione dei loro lavori artistici, l'utilizzo delle piattaforme digitali risulta assolutamente imprescindibile. Informare, registrare, presentare, comunicare, promuovere e diffondere sono sei verbi chiave nella realizzazione di un evento di portata internazionale, e la tecnologia insieme all'utilizzo delle diverse piattaforme digitali e dei social network costituiscono il mezzo attraverso il quale tali attività vengono veicolate. In questo modo, a mio avviso, si amplifica la portata dell'evento, sia aumentando il numero di partecipanti che favorendo la sua diffusione.*

A Francesco Tanda[19] abbiamo chiesto di delineare i vantaggi e gli svantaggi nel rapporto fra organizzatore di eventi e pubblica amministrazione...

(F.T.) *Gli svantaggi sono strettamente legati alla complessità delle normative italiane. La burocrazia, che riguarda anche il settore degli eventi*

---

[19] Francesco Tanda, Laurea in Filosofia e un master in giornalismo e un MBA, è coordinatore di Master Universitari, Project Manager in progetti Erasmus ed è un componente per la Regione Lazio della "Giuria di qualità" per la valutazione delle idee progettuali di "Impresa Formativa. Incentivi per la creazione d'impresa a favore dei giovani e delle donne del Lazio" oltre che Esperto per 5 "Reti di Prossimità" e per 3 progetti di inclusione sociale.

e della cultura in generale, rappresenta il vero problema del nostro Paese. Nonostante l'Italia abbia un patrimonio artistico enorme e sia da sempre un'attrattiva per il turismo di qualità, la farraginosità delle norme impedisce di sfruttare appieno questo potenziale. A titolo esemplificativo, il solo decreto legislativo 31 marzo 2023, n. 36, relativo al "Codice dei contratti pubblici in attuazione dell'articolo 1 della legge 21 giugno 2022, n. 78, recante delega al Governo in materia di contratti pubblici", è composto da 229 articoli, oltre ad allegati e tabelle. Inoltre, la collaborazione con gli enti pubblici non sempre semplifica l'ottenimento di permessi e autorizzazioni.
Per quanto riguarda i vantaggi, sinceramente sono minimi. Forse l'unico consiste nella possibilità di accedere a luoghi che altrimenti sarebbero inaccessibili per un imprenditore privato.

E a proposito delle criticità che si affrontano nella gestione di una struttura che organizza eventi…

(F.T.) *Le criticità principali sono legate alla non certezza dei tempi di pagamento quando si lavora con la PA e sui tempi assolutamente assurdi che caratterizzano la gestione dei bandi pubblici. Dai tempi di pubblicazione – quasi sempre a ridosso delle date entro cui realizzare le manifestazioni – ai tempi per sapere se si è assegnatari o meno di contributi. Se invece si lavora esclusivamente con propri capitali facendo riferimento al solo mercato, mi dispiace ripetermi, il maggior problema è legato, ancora, ai rapporti con la PA di turno che deve rilasciare permessi e/o autorizzazioni. A questo si aggiunge, come per ogni impresa italiana, una pressione fiscale assolutamente esagerata. A fronte di queste problematiche c'è, però, il piacere, la gioia di concorrere a portare del bello nella quotidianità.*

Ad Andrea Bartole[20] abbiamo chiesto di delineare i vantaggi e gli svantaggi di collaborare con associazioni culturali per la realizzazione di eventi.

(A.B.) *I vantaggi legati all'organizzazione di eventi attraverso un'associazione culturale sono molteplici e comprendono sia l'esperienza diretta nel settore che la possibilità di sviluppare una rete di collaborazioni nel corso degli anni.*

In primo luogo, le associazioni culturali sono entità nate con l'obiettivo specifico di operare nei settori in cui agiscono, il che garantisce un elevato grado di competenza e professionalità. Grazie a una struttura solida e stabile, queste associazioni possono offrire un supporto affidabile e qualificato.

Inoltre, la diversità degli ambiti culturali coperti dalle associazioni consente di creare partnership con enti operanti in settori molto diversificati, come musica, arte, fotografia, poesia e storia del territorio. Questa varietà offre opportunità di collaborazione molto ampie e arricchenti.

Un altro punto di forza delle associazioni culturali è lo spirito di condivisione e collaborazione che le caratterizza. Le persone coinvolte sono motivate a valorizzare il proprio lavoro e a contribuire al successo degli eventi, creando legami solidi e duraturi nel tempo.

---

[20] Andrea Bartole è nato a Capodistria, in Slovenia, nel 1978. Si è laureato presso la Facoltà di Giurisprudenza dell'Università di Trieste, in Italia. Dopo aver completato gli studi, ha lavorato come praticante avvocato a Trieste. Nel 2010 ha accettato il ruolo di direttore di un'agenzia di reclutamento, selezione del personale e occupazione. Nel 2013 ha iniziato a lavorare presso la Comunità autogestita costiera della minoranza italiana, dove è coordinatore e
responsabile di tutte le attività e dei dipendenti dell'istituzione. Come esperto di diritti delle minoranze, è stato invitato come relatore a numerose conferenze e incontri nazionali e internazionali. È membro di numerose commissioni intergovernative sui diritti delle minoranze. Andrea è un allenatore di atletica leggera certificato e registrato a livello nazionale. Dal 2010, nel tempo libero insegna atletica ai bambini di Pirano (Slovenia), dove vive.

L'organizzazione di eventi attraverso associazioni culturali offre anche l'opportunità di conoscere nuove persone e luoghi, all'insegna dell'amicizia e della condivisione, piuttosto che del mero profitto. Spesso, la passione per la cultura e il desiderio di contribuire alla vita culturale della comunità supera gli ostacoli formali e finanziari, generando nuove opportunità per il pubblico e per gli stessi organizzatori.
Tuttavia, è importante considerare anche gli svantaggi legati alle associazioni culturali, come le limitate risorse finanziarie e la mancanza di stabilità economica e sviluppo. Questo può limitare la partecipazione a progetti che richiedono investimenti significativi, compromettendo la realizzazione di eventi di grande portata.

Per quanto riguarda invece i requisiti legali e normativi che si devono considerare per l'organizzazione degli eventi…

(A.B.) *I requisiti dipendono dal tipo di evento che si organizza e dal luogo in cui si svolge. Innanzitutto bisogna trovare gli spazi adatti. Nel nostro caso a Pirano abbiamo un calendario fitto e ricco a livello annuale e questo prevede dai 140 ai 160 eventi all'anno.*
Gli eventi vanno dalla presentazione al pubblico di volumi sia di prosa che poesia, all'organizzazione di mostre di vario genere, di spettacoli teatrali, concerti e festival di diversa natura e tanto altro. Inoltre collaboriamo con tutte le istituzioni e associazioni culturali del comune e non solo.
Quando si tratta di concerti o spettacoli musicali è necessario prevedere il compenso dei diritti d'autore. Se l'evento prevede la presenza in contemporanea di tante persone bisogna fare attenzione alla sicurezza e garantire il corretto svolgimento dell'evento. La cosa fondamentale, secondo la mia esperienza, è individuare un responsabile per ciascun evento, incaricato di coordinare sia l'organizzazione preliminare che lo svolgimento dell'evento stesso una volta che si tiene.

Giustino Alessandroni[21] ci aiuta ad esplorare le criticità che si possono determinare nell'organizzazione e nell'esecuzione di una intera stagione di eventi in una città...

(G.A.) *Le maggiori criticità sono legate non tanto all'organizzazione quanto poi alla realizzazione degli eventi. Consideriamo che, anche se a livello organizzativo si possono valutare alcune variabili, in fase di realizzazione possono insorgere problematiche di vario genere non sempre identificabili in precedenza. Ovviamente più è lunga la stagione di programmazione e più si è soggetti a criticità.*

In città come Roma possono verificarsi eventi improvvisi di natura logistica, come ad esempio traffico congestionato, scarsità di parcheggi, necessità di ottenere permessi per l'accesso a zone a traffico limitato, scioperi e allagamenti dovuti alle piogge invernali. Inoltre, possono verificarsi imprevisti a livello personale per artisti e partecipanti, come malattie o altre problematiche personali.

Per questo motivo, è sempre utile sviluppare delle strategie di riserva, prevedendo alternative pronte che, pur non snaturando i progetti, possano rappresentare valide e equivalenti soluzioni dal punto di vista qualitativo e rispetto a quanto pianificato.

Per quanto riguarda la ricerca di sponsor che che è un elemento cruciale...

---

[21] Giustino Alessandroni è specializzato nella gestione e *re-engineering* delle imprese. Attualmente è socio e amministratore unico di Demetra SPV s.r.l.., società di consulenza direzionale e veicolo di una rete di imprese ITC; socio fondatore di Njord s.r.l., start up innovativa nel settore delle energie rinnovabili; presidente della cooperativa sociale *onlus* 'Vulcano' per l'inserimento lavorativo di persone con fragilità e a rischio di esclusione sociale. Negli anni precedenti è stato amministratore unico di Neisos srl, start up innovativa specializzata in ricerca e sviluppo; presidente della cooperativa sociale Metro Service; amministratore unico di S.I.A.A.N, presidente del Consorzio Italia; segretario generale dell'associazione IERAAN. Iscritto all'Ordine dei Giornalisti, è fondatore e direttore della rivista multimediale 'Passare al Bosco'.

(G.A.) *Le strategie ovviamente possono variare a seconda del contesto in cui si lavora. Essenzialmente i fattori principali su cui si fa leva sono tre, anzianità dell'iniziativa, percezione della qualità dell' evento, numero degli spettatori previsti. Altro capitolo sono poi i possibili finanziamenti istituzionali, su bando o anche tramite finanziamento diretto se l'iniziativa è di particolare interesse per la collettività.*

ORGANIZZARE E PROGETTARE
UN EVENTO CULTURALE

Bibliografia e Sitografia

- McDonnell I., Allen J., O'Toole W., *'Festival and special Event Management'*, J. Wiley, 2°ed., 2002
- Cocco e Pozzi,"Relazioni pubbliche: le competenze, le tecniche e i servizi di base", Mc Graw-Hill. 2001,
- Argano L., Spadoni C."*Gli eventi culturali come incubatori culturali. Il caso di MI AMI Musica Importante a Milano*", *Tafter Journal* N. 13 - maggio 2009
- David Throsby, The Economics of Cultural Policy, Cambridge: Cambridge University Press, 2010, p. 195;
- *COST, Culture in, for and as Sustainable Development. Conclusions from the Cost Action* IS1007 *investigating Cultural Sustainabillity*, Jyväskylä: European Cooperation in Science and Technology, 2015, p. 24.
- John Hawkes, *The Fourth Pillar of Sustainability. Culture's Essential Role in Public Planning*, Victoria, The Cultural Development Network of Victoria, 2001;
- Jean-Michel Lucas, *Culture et développement durable. Il est temps d'organiser la palabre*, Paris, Irma, 2012.
- Parry, B. & Shone, A. . "*Successful Event Management: A Practical Handbook.*" 4th Edition. United Kingdom: Cengage Learning EMEA 2013
- Hoyle, L.. *Event Marketing: "How to Successfully Promote Events, Festivals, Conventions, and Expositions. United Sates of America":* John Wiley & Sons, Inc 2002
- Goldblatt J.,, "*Special Events - Best practices in modern event management*", 2nd Ed., New York (1997)
- Argano L., Bollo A., Dalla Sega P., Vivalda C.,, "*Gli eventi culturali. Ideazione, progettazione, marketing, comunicazione*", Franco Angeli, Milano (2005)
- Pittèri D., *L'intensità e la distrazione. Industrie, creatività e tattiche nella comunicazione*, Franco Angeli, Milano (2006);
- Camerata C., Pittèri D., *Tafter Journal* N. 20 - febbraio 2010 "*Ruoli e funzioni degli eventi culturali in Italia*"
- Zaccone Teodosi A. (Aprile 2022) , *L'Istat certifica il crollo della partecipazione culturale in Italia*, Key4biz - Quotidiano online sulla digital economy e la cultura del futuro.
- J. Goins "*5 Easy Tricks to Help You Write Catchy Headlines*" goinswriter.com

www.ingramcontent.com/pod-product-compliance
Lightning Source LLC
Chambersburg PA
CBHW071215240526
45470CB00018B/1870